仏心のひとしずく

横田南嶺

春秋社

まえがき

古来「禅は黙に宜し」と言われていました。黙っているのがいいので、ベラベラと余計なことは言わないことだということでした。

とくに、鎌倉五山の禅寺などは、明治維新を迎えるまでは、一般の方々に禅を分かりやすく説くことなどは、あまり行われていなかったと思われます。明治時代に入って、それまでの幕府の庇護を受けられなくなり、大きく方向を転換せざるを得なくなりました。

円覚寺では、今北洪川老師が明治八年に円覚寺に住され、居士林を設け、広く一般の方々にも坐禅の門戸を開放されました。洪川老師の晩年に門を叩いたのが、後年世界に禅を弘めることになる鈴木大拙でした。

今北洪川老師のあとは、釈宗演老師が住されて、さらに広く海外にまで布教をなされました。夏目漱石なども、この釈宗演老師に参禅されていました。政財界の名士などもこぞって釈宗演老師に参禅されました。

円覚寺は、大正時代の終わりに関東大震災の被害を受けて、境内の建物のほとんどが倒壊してしまいました。国宝の舎利殿や禅堂、方丈などは、早くに復興されましたが、苦しい時代が続きました。

太平洋戦争という未曾有の国難を経て、禅をどのように弘めてゆくか、大きな課題となりました。円覚寺では、朝比奈宗源老師が戦争中に管長に就任され、戦後間もなく大方丈にて、日曜説教を始められました。

朝比奈老師は、自ら体験された仏心の世界を、一般の方々にも分かりやすく説かれました。朝比奈老師の日曜説教は、毎月第一日曜と第三日曜に行われていました。大勢の善男善女が聞法されていたようです。

朝比奈老師の亡き後は、足立大進老師が日曜説教を引き継がれました。足立老師は、日を第二日曜と第四日曜に改められ、第四日曜は円覚寺派の布教師の方に務めてもらい、ご自身は第二日曜日に法話をなされました。足立老師もまた、分かりやすい言葉で禅を説かれ、多くの善男善女が参集しました。

平成二十二年から、私が管長の役を仰せつかり、日曜説教を担当するようになりました。なにぶんにも多年禅堂で坐禅ばかりしていましたし、そのうえ「禅は黙に宜し」と思っていた私ですので、どのように話をしていいのかも皆目分かりませんでした。暗中模索しながらも、毎月拙い話をしてまいりました。

平成二十三年には東日本大震災があり、多くの人たちが今までの生き方を見つめ直し、何が正しいのか、どう生きればいいのか、あれこれ迷うようになったと思われます。そんな人たちに円覚寺の日曜説教が注目されたのか、拙い私の話に大勢の方々が集ってくださるようになりました。

毎回毎回、自分なりに課題を定めて話をしてきました。話には馴れていないので、必ず原稿を用意しました。毎回お越しになる方も多いので、あまり同じような話では申し訳ありませんし、初めてお聞きになる方もいらっしゃるので、仏教や禅の基本を伝えなければなりません。

毎回の法話は第二日曜日の午前九時から十時までです。一時間あるといいましても、前後に読経などが入りますので、正味は四十分そこそこです。そこの間に話を完結させなければなりません。その一回きりの方もいらっしゃるのですから、続きはまたの機会にというわけにはいかないのです。

そこで毎回、真剣勝負に臨む覚悟で準備をいたしました。

そんな話が、どういうわけか、春秋社編集部の耳に入ったようで、本にしたいというお話をいただきました。話などというのは、その場限りのもの、消えてなくなればいいのだと思っていましたから、当然お断りしたのですが、ぜひにという申し出を断り切れず、このたびの上梓となりました。

春秋社からは朝比奈老師の名著『仏心』が刊行されています。朝比奈老師は、広大な仏心の世界を説かれました。仏心は大海のように大きなもので、私たちはその大海に浮かぶ泡の如きものだと譬えられました。泡を離れて大海はなく、大海を離れて泡はないという、海と波の譬えですが、私たちは皆その大海の一滴であるのです。

本書のタイトル「仏心のひとしずく」には、そんな思いも込めました。

それはそれとして、私の拙い話などは、大海の一滴にも満たないものですが、このひとしずくが、皆さまの渇きをほんの少しでも癒やすことに役立てば望外の幸せです。

最後に本書の刊行に際し、春秋社の佐藤清靖さんはじめ皆さまに御礼申します。

円覚寺　横田南嶺

平成三十年　仏涅槃の日の朝

仏心のひとしずく

目次

仏心のひとしずく

睦月の章　腰骨を立てる

新年も、はや十日になりました。十日といえば、十日恵比須で、鎌倉では本覚寺で賑やかな恵比寿さんのお祭があります。また今日は、われわれ臨済宗では大切な日でありまして、宗祖臨済義玄禅師のご命日でもあります。今から千百五十年前に遷化されています。今朝ほど円覚寺一山を挙げて法要を勤めてきました。

いつも最初に「腰骨を立てましょう」と声をかけています。今年も腰骨を立てることから始めて、感謝の心をささげました。こうして毎回行っていますと、「腰骨を立てましょう」という声を聞くと元気をいただきます、そう言ってくださる方もいて、なおさら「腰骨を立てましょう」と呼びかけています。

今日もまた腰骨立ててニコニコと　よろず感謝の心で生きん

年頭にこんな歌を作ってみました。それほどの歌ではありません。交通標語のような歌です。交通標語といいますと、皆さんよくご存知のように、「手を上げて　横断歩道を渡りましょう」「気をつけよう　車は急に止まれない」。「あっ危ない　そのスピードが死を招く」「あぶないよ　あわてる　とびでる　よそみする」などもありますね。

私自身は車を運転しませんが、車に乗せていただきますと、道路標識などよく眼に止まります。「通行止め」「駐車禁止」などはすぐにわかりますが、少し地方の山あいなどに出かけますと、「落石注意」など、山から石が落ちてくるような画が描かれています。「動物注意」という、一見ほほえましいものもございます。たぬきが描かれてあったり、鹿や熊が描かれているのもあります。

数ある標識の中で、私が一番いいと思う標識が、栃木県の那須というところにあります。

円覚寺の開山は仏光国師無学祖元禅師ですが、その孫弟子に夢窓疎石国師がいらっしゃいます。その間に、無学祖元禅師のお弟子で、夢窓国師のお師匠さんの仏国国師がいらしゃいます。

仏国国師は、後嵯峨天皇の皇子さまでしたが、京都で出家して鎌倉に来られ、円覚寺の仏光国師について修行して悟りを開かれました。まだ二十代でしたが、栃木県の那須に雲巌寺というお寺を建てて隠棲されてしまうのです。とても純粋な禅僧でいらっしゃいました。雲巌寺は今も臨済宗の修行道場にもなっています。

那須というところは、いま参りましても大変に時間のかかるところです。新幹線で那須塩原という駅があります。那須の雲巌寺に行くには、そこから車で小一時間かかります。いまはバスも通っていません。

私は二十年ほど前に、修行僧時代にうかがったことがあります。それが昨年、雲巌寺の開山仏国国師が亡くなって七百年の大法要がありまして、二十数年ぶりに参りました。二十年ぶりですが、町の様子も寺のたたずまいも、何も変わったと思われるものがありません。変わらざるものの尊さを感じました。

駅から車に乗せていただいてお寺に向かったのですが、その車中で、私はある道路標識をずっと捜していました。二十数年前に見て感動した標識です。もうなくなっているかなと思いましたが、道の途上で見つけました。

その標識に、なんと書いてあるか。雲巌寺の老師の筆で、「おれが危ない」と書かれています。「おれが危ない」という、この一言。これにすべて尽きていると思われます。動物が危ない、崖崩れが危ない、確かにそうでしょうが、それよりも、いま運転している私が、一番危険なのです。私の不注意、これくらいなら大丈夫だろうという油断、慣れや疲労、車を運転していて、これほど危ないものはありません。

これを書かれた方は、雲巌寺の植木憲道老師といいます。京都の妙心寺で修行され、那須の雲巌寺に入られて修行道場を開かれ、修行僧の指導ばかりでなく、子供や青年たちの教育に尽力されて、町の人たちからも生き仏のように慕われ尊敬されていた禅僧です。その老師の筆で、「おれが危ない」と書かれているのです。いったい、私の何が危ないのでありましょうか。

こういう禅の問答があります。中国に鳥窠道林《ちょうかどうりん》和尚という方がおりました。この方はいつも木の上で枝に坐って坐禅していたという。少々変わった方でした。日本でも明恵上人が木の枝で坐禅している画が残っていますが、あのように坐禅していたのでしょう。

そこにある日、白楽天という詩人であり、いまで言えば県知事か大臣くらいの長官が訪ねてきました。有名な和尚がいるというので訪ねてきたわけですが、和尚はいつものように木の上で坐禅しています。

それを下から白楽天が眺めて声をかけました。「和尚、そんなところで坐禅していて危ないぞ、危ないぞ」と。すると道林和尚が下の白楽天に逆に言いました。「おまえさんこそ、危ないぞ」と。

白楽天は不思議に思って言いました。「私は地上にいて、こうして地面に足をつけている。また大臣という高い位もいただいて社会的地位もある、財産もある、いったい私の何が危ないのか」。

するると道林和尚は言いました。「薪の傍らに火があるようなものだ。いつ燃え出すか分からない。あなたの心も同じだ。いつ燃え出すか分からないぞ。おまえさんの方が危ないぞ、危ないぞ」と応じたのでした。

確かに木の上で坐禅している方が、いつ落ちるか分からないので危なく見えるでしょう。しかしたとえ地上にいて地に足がついていても、またどんな肩書きがあろうとも、財産があろうとも、心が落ち着いていなければ、薪の側に火があるといつ燃えるか分からないように、いつ、怒りや憎しみ、嫉み、あるいは、貪り、愚かさの炎で燃えてしまうか分かりません。そんなあなたの方が危ないと言われたのです。

人間の心は、本来は仏心にほかなりません。けれどいつの間にか、さまざまなほこりがつくように、気がつかないうちに汚れがついてしまっています。おしい

（惜）・ほしい（欲）・にくい（憎）・かわいい（愛）・うらみ（怨）・はらだち（怒）・よく（貧）・ごうまん（慢）などです。

そのあと、白楽天は道林和尚に「では仏法とはいかなるものか」と問いました。それに対して「悪いことをせずに良いことをするのだ」と答えます。白楽天は「そんなことなら三歳の子供でも知っている」と言いますと、「三歳の子供でも分かっていても、八十の老翁でも行うのは難しいぞ」と答えました。

お正月を迎えるのに皆、大掃除をするのですが、心はどうであろうかと顧みることが大切です。年の始めに当たって、まず自分を見つめ直す。我が心こそ危ないものだと認めることが第一歩です。火の扱いと同じです。火が危ないと十分に分かっていれば、安全に使うこともできます。危険を知らないのが一番恐ろしいのです。我が心の危うさをよく知って、我が心をどう治めていくかを学びたいと思うのです。

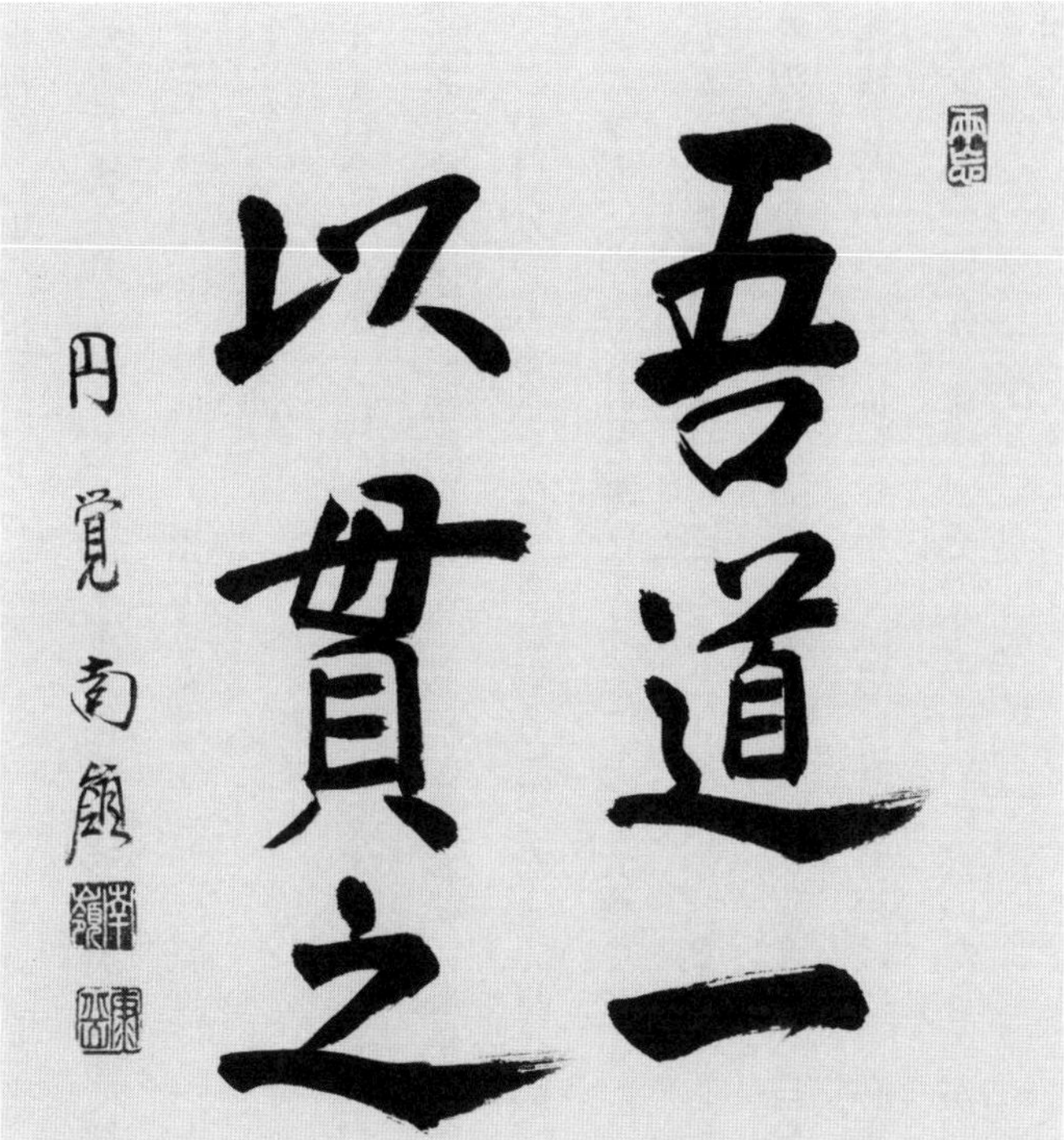

吾が道（どう）、一以って之を貫く

正月の「正」、正しいという字は、「一に止まる」と書くのだと、相田みつをさんが書に書かれていました。年末に相田みつを美術館で拝見してきました。一に止まる、その一とは何か。相田さんは「一とは原点、一とは自分」だと言っています。

まず自分を正す、自分を見つめることです。これこそがお正月の一番大切な意義でありましょう。初詣をして、あれこれお願い事をするのも結構ではありますが、この自分のもろさ、危うさということをよく見つめて、今年どういう心もちで過ごすか、ゆっくりと考えてみることが大事です。

むかしの禅僧は、元旦を迎えると、辞世の言葉を記したといわれています。今はそのようなことをする老師も少ないと思いますが、自分の一生を振り返って、一語残したのです。毎年、年の始めに書いておけば、必ずいつの年か、その年に亡くなることになります。その年の始めに書いたものが、辞世の言葉、遺偈となりました。

こういう習慣があったことも、一年の始めに自己を見つめる、やがて死を迎えるのでありますから、しっかり自分の人生を見つめることにつながります。非凡な言葉を残されたわけです。

雲巌寺の植木憲道老師には、素晴らしい遺偈が残されています。昨年あるお寺で拝見しました。「是と論じ非と説く、九十八年、近くお別れをする、ありがとう、ありがとう、皆さんによろしく」と認められました。

是と論じ非と説くとは、是も非も、良いも悪いも、さまざまに論じてきた、良いことも辛いことも、さまざまなことがあった、満でいえば九十七年の一生だった、というのです。それが、こんど近々お別れをすることになった。言い残すことは、ありがとう、ありがとう。皆さんによろしく、と。実におもむきのある言葉で、さすが植木老師だなと思われます。禅僧というのは、そのように死を見つめて、どう生きるか、常に考え続けていたのです。

さらに、植木憲道老師はもう一つ、「死に直面して」という言葉を残されていました。これは私も昨年初めて拝見したものです。遺偈はあらかじめ書かれたものと思いますが、この「死に直面して」という書は、本当に死の間際に書かれたものと思われ、手も震えていて字も読みにくいものでした。しかしよく見つめていると、ようやく読むことができました。

そこには四つのことが書かれていました。一番目には「一つ、もっと親切でありたい」。次に「一つ、もっと正直でありたい」。さらに「一つ、もっと真面目でありたい」。最後に「一つ、もっと寛容でありたい」と。

この四つの言葉を、死に直面して書き残されたのです。私はこの書を見つめて、ようやく文字が読み解けて驚きました。年若い青年がこれからの人生の抱負を書かれたのではありません。九十七歳の老師が書かれたのです。もうすでに禅の修行もなし終えて、地元の人々からも生き仏の如くに慕われている、人間としても完璧に近いような禅僧が、死に直面して「もっと親切でありたい。もっと正直でありたい。もっと真面目でありたい。もっと寛容でありたい」と言われるのです。

死に際して、外に向かっては、人さまに向かっては、「近くお別れする、ありがとう、ありがとう、皆さんによろしく」と言うのですが、内に向かっては、「一とは原点、一とは自分」、死に直面しても、自分を見つめることを忘れないのです。

まだまだ足らない、という謙虚な反省があります。まだまだ、もっと親切にしなければならない。まだまだ、うそいつわりなく真っ正直に接しなければならない。まだまだ、もっと真面目に努めなければならない。これ以上真面目はないと言われるほどに、真面目に努め上げた老師にして言われる言葉なのです。そして、まだまだ、もっと寛容でありたい、人を許す心、豊かな広い心をさらに養いたいと言われます。

四弘誓願で「仏道無上誓願成」と、いつもお唱えしますように、この道は果てしがないのです。限りがないのです。どこまで行っても終わりがありません。これでいいということはありません。最後の最後まで、いや死んでからも、ずっと修行であるのです。仏心は生き通しなのだといつも言っていますように、心はずっと生きています。それゆえにこそ、どこまでも、「親切でありたい、正直でありたい、真面目でありたい、寛容でありたい」と願い続けるのです。願いは永遠なのです。永遠の願いに生き続けるのでありましょう。

「一とは原点、一とは自分」、自分自身の心を見つめて、わがままになっていないか、欲に目がくらんでいないか、傲慢になっていないか。心の危うさ、「おれが危ない」ことに気がついて、もっと親切に生きたい、もっと正直に生きたい、もっと真面目に生きたい、もっと寛容に生きたいと、お正月に腰骨を立てるように、願いを立てていきたいと思います。

如月の章　「戒」ということ

二月十四日、今日は何の日でしょうか。十五日の前の日ですね。仏教徒にとりましては、二月十五日は大切な涅槃会です。お釈迦さまがお亡くなりになった日です。

円覚寺でも明日の午前十時から、仏殿で法要を勤めます。大変寒い時期ではありますが、皆さまにもお参りいただけるようにしてありますので、ご都合のつく方はどうぞお参りください。明日はお仕事などでご無理な方は、ここに涅槃図をお祀りしていますので、お帰りの際に、お手を合わせていただければと思います。

早いもので、今年であの東日本大震災から、まる五年になります。この日曜説教でも、たびたびお話していますが、震災以来ここ鎌倉では、宗教者たちが、神道もキリスト教も仏教も、みな一つになってお祈りを捧げております。それぞれ年によって、持ち回りで、お祈りの法要を勤めています。

昨年は仏教の当番で、この円覚寺で行いました。実に大勢の方にお参りいただきました。千人を超えていたと思われます。今年は、キリスト教の当番で、雪の下のカトリック教会で行われます。神道の方々が十字架の前で祝詞をあげて、我々仏教徒はお経を唱えます。それぞれの宗教が、東日本大震災でお亡くなりになった方々のご冥福を祈り、そして被災地の一日も早い復興をお祈りします。こちらも平日になりますが、ご都合のつく方はどうぞお参りください。

また来月の日曜説教の日には、円覚寺で被災地の復興を応援する復興市を行います。被災地の名産品を買っていただいて、少しでも被災地のみなさんに、気持ちを寄せて差し上げたいと思っています。

震災に向けてこうしたお祈りを毎年行っていますが、最近ふと考えさせられることがありました。

それは、ある被災者の方が言われたことでした。その方は震災に遭われて避難生活を余儀なくされておられました。その方が避難先でお寺にお参りすると、そこでは立派な東日本大震災物故者霊位というお位牌を作って本堂にお祀りしてくれていたそうです。そして和尚さんが、うちの寺ではこうしてお祀りして、毎日お勤めをしていますと言ってくださったそうです。大変にありがたいことと思います。

しかしその被災者の方は、それを素直に受け取ることができないと言われるのでした。遠く離れたところで、こんな立派なお位牌を作ってくれるよりも、どうして被災地に足を運んで祈ってくれないのかというのです。そして、このように遠くで立派なお位牌を作ってくださる人のお気持ちを素直に受け入れられないのは、私がいけないのでしょうかと訊ねられました。

私もとっさの質問で答えに窮しました。そのときには、被災者の方には、そうおっしゃる気持ちは分かります。しかし、みんながみんな被災地にまで足を運ぶことは難しいと思います。被災地にまでは行けなくても、そのように遠く祈りをささげることにも意味があると思います。祈るということは、遠くからでも大きな力があるはずだと思っていますと、お答えしたことでした。

　そういえば、数年前に和尚さん方の研修会が行われて、私も講師として出かけました。その時に「祈りって何ですか、祈ってどうなるのですか」という質問をされました。被災地の若い和尚さんの真剣な質問に、こちらも心打たれました。その折りには十分な答えが出来なかったと、私は今でも申し訳なく思っていますが、その和尚さんはその時の私の答えで、本当に心が楽になったと言ってくださいました。が、しかし、私はその折りになんと答えたのか覚えていないのです。たぶん祈ることの意味を、祈ることしか出来ないということ、それをそのまま受け入れるしかないことをお話したのではないかと思います。

　そんなこともあって、それ以来しばらく、被災者の方の言葉が私の心に引っかかっていました。何が欠けているのでしょうか。何が違和感を覚えさせるのでしょうか。

そういうことも含めて、今日はお釈迦さまの教えに学びたいと思います。

お釈迦さまは、紀元前の五世紀ごろにお生まれになりました。皆さまもご存知の通り、小さな国ながらも王子様でした。王位を継いで国王になる将来が約束されていたにもかかわらず、お釈迦さまは、人間の「生老病死」という一番の根本的な苦しみからどうしたら逃れることができるか、それを求めて出家され、難行苦行をされたのです。経典に次のような味わい深い一節があります。

「人は老いるものであり、老いを避けることはできないのに、人は老いを忘れて暮らしている。はたしてこれでいいのだろうか。人は病むものであり、病は避けられないにもかかわらず、人は病を忘れて生きている。これでいいのだろうか。人は死ぬ、やがて必ず死を迎える。死は避けることのできないものであるにもかかわらず、人は死を忘れて生きている。はたしてこれでいいのだろうか」と。

やがてお釈迦さまは、三十五歳でお悟りを開かれました。その後、四十数年間にわたって諸国を歩いて説法をされ、八十歳でお亡くなりになります。晩年、死を覚悟されたお釈迦さまは、故郷を目指して旅をされました。

思い出深いそれぞれの村で別れを惜しみながら旅を続けます。ヴァイシャーリーという町を離れる時には、お釈迦さまはまるで象が振り返るように、ゆっくりと町を振り返って別れを惜しんだ、と経典に書かれています。象が振り返るようにという表現に印象深いものがあります。象ですから首だけをちょっと振り返ることはできません。からだ全身をゆっくりと向きを変えて、別れを惜しまれたということでしょう。

途中で鍛冶職人のチュンダの供養された茸の料理をいただいて、おなかを壊されます。ひどい下痢と腹痛に悩まされながらも旅を続けましたが、とうとうクシナガラという村で、最期を迎えることになります。

最期にあたって、弟子たちにさまざまな説法をされました。お釈迦さまはまず、決してチュンダを責めることのないように諭されました。チュンダの供養の料理で体調を壊されたので、弟子たちの中にはチュンダはけしからんという者もいたのでしょう。お釈迦さまは、チュンダはすばらしい供養をしてくれた、私の生涯の中でも、苦行して弱った体に牛乳のお粥を供養してくれたスジャーターと、最後の供養をしてくれたチュンダ、この二人の供養は特別のものだと感謝の意を表されました。

いよいよもう歩くことができなくなって、ヒラニヤヴァティー河という川の畔で休まれました。もう死を迎えます。そこにスバッダという百歳を過ぎた、よその宗教を学んでいた長老が教えを乞いに来ました。お釈迦さまのおそばにお仕えしていた阿難尊者は、もうお釈迦さまは涅槃に入ろうとしているので、スバッダの面会を断ろうとしました。そのやりとりがお釈迦さまの耳に入って、お釈迦さまはスバッダにお会いになります。

そして語られたのが、「私は出家して五十年、善を求めて生きてきた」という言葉です。善とは「善い」という意味です。善い生き方とは何か、人として生まれて善く生きるとはどういうことなのか。そのことをひたすら求めてきたという意味でしょう。

これはお釈迦さまの生涯を端的に表した言葉だと思います。善く生きること、これにお釈迦さまの生涯が集約されています。それは具体的にはどういうことでしょうか。


お釈迦さまはお亡くなりになるにあたって、弟子たちにまず、自分が死んだ後には、「戒」を師として勤めるようにと言い残されました。戒というのは戒律の戒です。戒めです。お釈迦さまは生前から、教団にさまざまな戒律を定めておかれていました。その戒を師として努力するようにと言い残されたのです。

戒といいますと、お釈迦さまが在家の方にも広く勧められたのが、「五戒」です。五つの戒めです。第一に、不殺生、生きものの命をあやめないように。第二に、不偸盗、人さまのものを盗まないように。第三に、不妄語、うそいつわりを言わないように。第四に、不邪淫、淫らな行いを慎むように。第五に、不飲酒、お酒を飲まないように、というのです。あれをしてはいけない、これもだめだというと、なにやら窮屈な決まりのように思われますが、そうではありません。そこにはお釈迦さまの教えの根本が示されているのです。

多年、お釈迦さまの教えを聞いていた波斯匿王《はしのくおう》が、高台から町を眺めていた時に、ふとこの世には自分より愛おしいものはいないと思いました。王妃にそのことを聞いても、王妃もまた、この世には自分より愛おしいものはいないと思うと言います。

しかし二人は、このような思いではお釈迦さまの教えに反するのではないかと思って、お釈迦さまのもとを訪ねて正直に申し上げました。するとお釈迦さまは「人はみな自分が大切なのである。そのことが分かったならば、決して人を害してはならない」とお教えになりました。

誰しも自分が可愛い、大事なのです。それを煩悩だとか執着だとか言って切り捨てよと言うのではなく、お釈迦さまは誰しもそうなのだと。そしてそのことが分かれば、誰にとっても大切なその人の自分を決して傷つけることのないように、と言うのです。自分は自分が大事だ、それと同じようにあの人もあの人の自分が大事だ。だから、自分を傷つけないように、そのように人を傷つけてはならないと。文字通り、相手のことを思いやるのです。これが戒の根本なのです。

戒といいますと、先ほど申し上げたように、あれをするな、これもしてはいけないと、自分たちを縛り付ける窮屈なもののように思われますが、そうではない。殺すなということは、相手の命をあやめるなということです。盗むなということも、うそをつかないようにということも、淫らなことをしないようにということも、みな人を傷つけるようなことをしないように、ということです。

人の命を損なうようなことをしないように、こんなことをされたら嫌だろうなと、相手を思いやることにほかなりません。こんなことを言われたら嫌だろうなと言葉を慎むのです。お酒を飲むなということも、決して飲み過ぎたら体によくないから、血圧が上がるから飲むなというのではなくて、飲んで相手を不愉快にさせるようなことをしないように、相手を思いやりなさいということです。ですから戒の根本は、相手を思いやることにほかなりません。

五つの戒を覚えるのは大変だという方は、三つでいいと、「三聚浄戒《さんじゅじょうかい》」というのがあります。これを松原泰道先生は、「少しでも悪いことは避けて、よいことをして、人にはよくしてあげよう」と訳されています。「悪いことをしない、よいことをする、人のために尽くす」という三つです。

簡単のようですが、これほど難しいこともないでしょう。お釈迦さまの言う、よく生きるということの意味は、この少しでも悪いことを避ける、人を傷つけることを避けて、人によくしてあげよう、ということに尽きるかと思います。やがてみな年老います。いつ病になるかわかりません、いつ人さまのお世話にならなければならないかもわかりません。であればこそ、よく生きるとは、お互いに相手のことを思いやって暮らすということです。

ですから先ほどの五戒でも、積極的に受け止めるなら、不殺生とは、単に殺さないだけではなくて、すすんでものの命を生かすように、ということになるでしょう。不偸盗とは、単に盗まないだけでなくて、すすんで施し与えることです。不妄語とは、うそいつわりを言わないだけでなく、思いやりのある言葉を掛けてあげようということです。不邪淫は、淫らなことを慎むだけでなく、積極的に相手を大切に思うということなのです。

そういうふうに戒を大切にして、私は戒を守って生きています、みなさんも戒を守って生きていきましょう、ということになりましょうか。ところが、それが難しいところです。そう簡単に守れるでしょうか。最後にもう一つお釈迦さまが大事なことを言い残されました。それを学びます。

坂村真民先生に、「とげ」という詩があります（『坂村真民全詩集』第三巻、以下『全詩集』と表記）。

「刺さっていたのは　虫メガネで見ねば　わからないほどの　とげであった　そ

のとげをみながら思った　わたしたちはもっともっと　痛いとげを　人の心に刺し込んだりしては　いないだろうかと　こんな小さいとげでも　夜なかに目を覚ますほど痛いのに　とれないとげのような言葉を　口走ったりはしなかったかと教師であったわたしは　特にそのことが思われた」

こういう詩の心が大切ですね。完全に守れることはありません。いくら人を傷つけないように気をつけていても、知らぬうちに傷つけてしまっていることを知らなければならない。とても守れていない、知らないうちに辛い思いをさせて申し訳ないと、心に恥じ入ることが大切です。

言葉一つとっても、人を傷つけるような言葉を言ってはいないか、反省させられます。山本玄峰老師は九十六歳まで長生きされた昭和を代表する禅僧ですが、最晩年におそばに仕えていた方からうかがったことがあります。

もう九十歳をこえてから、夜寝る前に布団の前で正坐して、しきりに何かをつぶやきながら、頭を何度も下げていたというのです。何をしているのかと思って

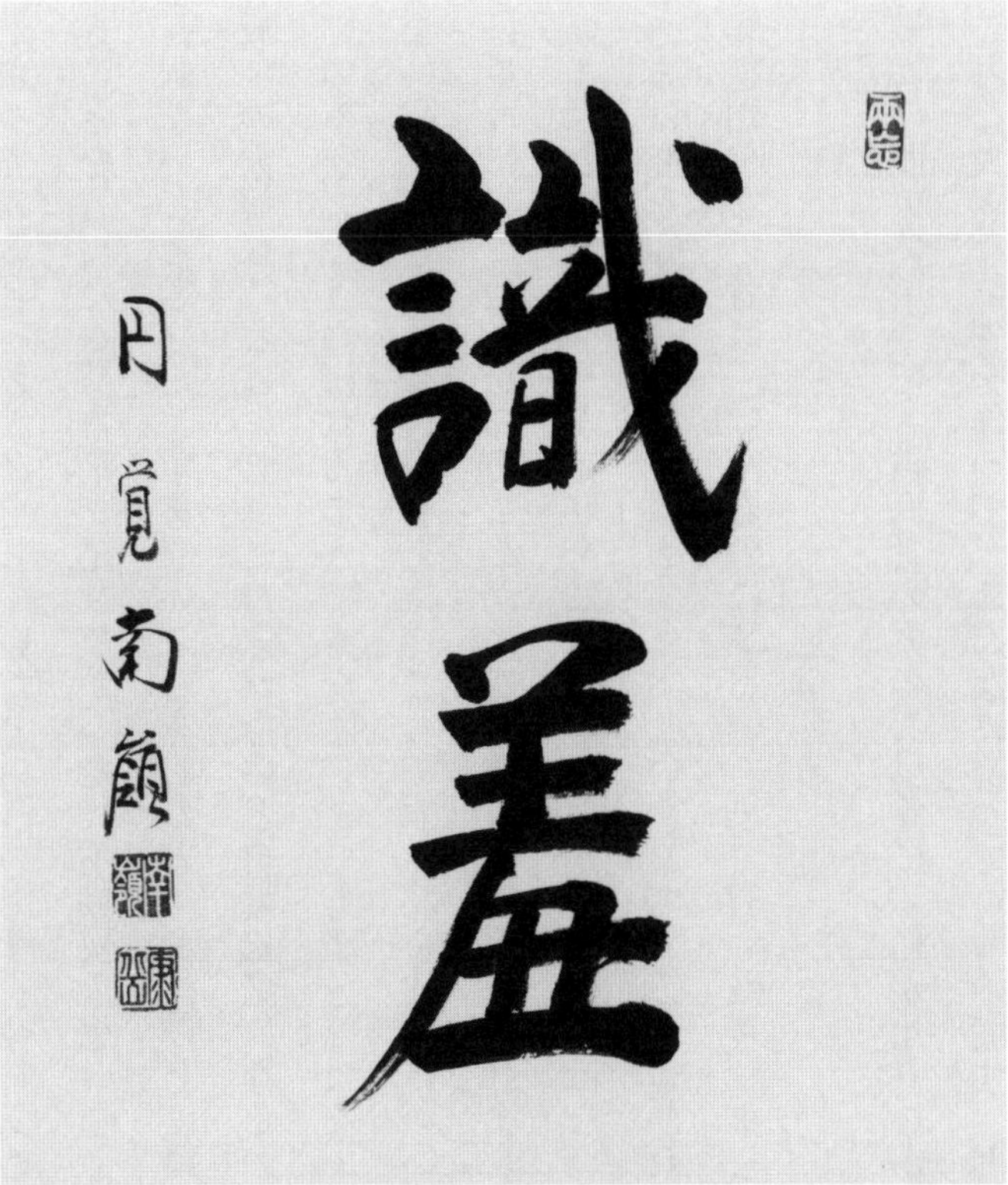

羞（はじ）を識（し）る

うかがってみると、お詫びをしていたというのです。今日あの人に会って、こういうことを言ったが、言葉が足りなかった、不愉快な思いをさせたのではないか、申し訳ないことをした、すまないことをしたと、お詫びしていたというのです。「戒」の大切なことは、しょせん守れないと自暴自棄になるのではなく、十分守れているなどとうぬぼれることでもなく、とても十分ではない、申し訳ない、すまない、そういう恥じ入る心を持つことです。恥を知るといいますが、お釈迦さまは最後に、この恥を知ることが大切であると言い残されました。

いまはどうでしょうか。恥を知らないことが多いのではないでしょうか。お釈迦さまは恥を知る心こそ、最もすばらしい荘厳であると言われています。また逆に恥を知らない者は、けだものに等しいとまで言い残されました。

最初の問いに戻って、被災者の方のご供養に、何が足りなかったのでしょうか。こんな大きな位牌を作って、こんなに祈っているのです、というのでは相手の心に伝わりません。「なに供えても　もの足らぬ　冬の墓」という句があります。どんなにお供えをしても、とても十分ではない。こんなことしかできなくてすみません、ごめんなさい、という心が大切だと思うのです。被災地に行けなくてごめんなさい。私にはこんなことしかできなくて、ごめんなさい。そういう心に恥じ入る気持ちを添えることが大事ではないかと思います。

私も最後に申し上げます。こんな話しかできなくて、まことに申し訳ない、恥じ入る気持ちで、今日はおしまいとします。

弥生の章　みんな観音さま

毎年春になりますと、わかめをいただきます。わかめは、私たち修行道場で生活するものにとりまして、大切な栄養になる海の恵みです。乾燥したものですと年中使うことができますが、春先に海から採れたわかめをいただくのは、また格別です。震災で海は大津波となって大勢の人の命を奪い、家を流しました。しかしその同じ海から、いまはわかめがたくさん採れています。

こんな被災者の方の歌があります。

「海は祖母の命を奪った。自分と親の生活を壊した。それでも海を見ると落ちつく。潮のにおいが好きだ。海に抱かれて育った。食卓は三陸の海の幸であふれていた。目の前の海は、牙を剥いたあの日の凶暴さがうそのように穏やかだった。青い海、嫌いになんてなれないな」と。

宮城県気仙沼の地福寺さんというお寺の和尚さんが、毎年、新鮮なわかめを送ってくれています。この三月で震災からまる五年が経ちましたが、その震災の時に初めて円覚寺から何人かの若い和尚さんと修行僧が気仙沼にまいりまして、地福寺さんのお寺の瓦礫の片付けなど、お手伝いさせていただいたのがご縁の始まりでした。それから私も何度か寄らせていただきました。

和尚さんは、歌のグループも結成されていて、歌による震災復興のための独自の活動もされています。円覚寺でも一度、日曜説教の後に、歌っていただいたこともありました。和尚さん方の研修会に講師としてお招きしたこともあります。震災がご縁になって新たなご縁が結ばれたことは、ありがたいことだと感謝しています。

わかめを頂戴して礼状を書きました。何かお礼をと思いまして、手紙とともに色紙を送りました。色紙に何を書こうかと考えましたが、ふと思い浮かんだ禅語がありました。

それは「春風吹いて又生ず」という言葉です。これは「野火焼けども尽きず、春風吹いて又生ず」という五言対句の言葉です。

野火というのは、野焼きの火です。冬に草が枯れている時に、枯れた草をすべて野焼きで焼いてしまいます。奈良の若草山の山焼きなどは有名ですね。春の芽が芽吹く前に、枯れ草をすべて焼いてしまいます。山が真っ黒になってしまいますが、しかし、また春の風に吹かれると、自然と草が生えてきます。大自然の大いなるいとなみを詠った禅語なのです。

そこで、気仙沼は津波の被害の激しかったところですので、津波で家々がみな流されても、また必ず復興はなされるという願いを込めて、色紙に揮毫して送りました。

しばらくして、お礼の葉書が届きました。私はその葉書を見て、しばし茫然としました。お地蔵さんの絵の書かれた葉書でした。「『春風吹いて又生ず』の色紙をありがとうございます」と挨拶があって、次にこう書かれていました。「震災五年、春風が待たれます」と。

春風がようやく吹いてきた、吹きつつあるのではと、こちらの関東におりますと、五年も経ちますと、そう思いがちです。しかしながら被災地の和尚さんには、「春風が待たれます」とありました。「待たれます」ということは、まだ吹いてこないのです。いつ吹いてくるのかと待たれているのです。「春風吹いて又生ず」などという言葉をお送りして、かえって申し訳なかったかなと反省いたしました。

一昨日の十一日に鎌倉でも、宗教者が宗教・宗派を超えて雪の下の教会に集まって祈りをささげましたが、冷たい風の吹く日でした。春はまだ遠いと実感させられました。

先日も、ジャーナリストの池上彰さんが新聞に書かれていました。東日本大震災から五年を迎えます。各地で犠牲者のことを追悼する集会が開かれます。あれから五年、もう五年経ったのかと思う人もいれば、まだ五年なのかと思う人もいるでしょう。東北各地では復興のための工事が続いていますが、住民のために本当の復興工事とは何かという議論も続いています。さらに東京電力福島第一原子力発電所の事故の処理はいまも続いています、と。こういう文章に接するにつけても、春風が待たれると思わざるをえません。

先月、仙台まで出かけまして、講演をする機会がありました。昨年の秋には松島でお話しさせていただいて、この春には仙台にまいりました。その会は仙台の臨済宗のお寺さん方が主催となって、涅槃会に合わせて法話をする催しでした。お寺さん方のお心遣いが伝わりました。

驚きましたのは、講演の前にホールで簡単な涅槃会の法要が行われて、和尚さんがお献茶をなされました。そして、講演を聴きにきた聴衆の皆さんに、お抹茶が振る舞われていました。これもすばらしいと感じ入りましたが、とても熱心に聞いていただきました。東北の方々のお心の深さを思いました。

仙台の町の中を歩きますと、もう震災の跡を感じることはありません。五年前に訪ねた折りには、まだ駅前も地震の被害が大きかったことを思いますと、見た目には復興が進んでいると感じます。

講演は涅槃会にちなんで、お釈迦さまとラゴラ尊者の話をしました。

いよいよ実の父であるお釈迦さまがお亡くなりになるのを、見るに堪えないというラゴラ尊者に対して、お釈迦さまは枕辺に呼ばれ、こう語りかけました。

「そなたもよく人の子としてなすべきことをなしてくれた。私も人の親としてなすべきことはなしたと思う。そういう意味ではお互いに少しも悔ゆることはない。また私が涅槃に入ろうとするのを見て、そなたは悲しんでいるが、今まで肉体のある間は、そなたと同じところにいることもできたが、はなればなれにいなくてはならないこともあった。しかし私が涅槃に入ったならば、そなたと同じところに住んで、もう永遠に離れることはないのだ。決して悲しむにはあたらないのだ」と。

そうなぐさめられたのです。続けて私は、「仏心の世界」のことをお話しました。

私たちは仏心という広い心の海に浮かぶ泡の如き存在である。生まれたからといって仏心の大海は増えず、死んだからといって、仏心の大海は減らず、私たちはみな仏心の一滴である。一滴の水を離れて大海はなく、幻の如きはかない命が、そのまま永劫不滅の仏心の大生命である。人は仏心の中に生まれ、仏心の中に生き、仏心の中に息を引き取る。生まれる前も仏心、生きている間も仏心、死んでからも仏心、仏心とは一秒時も離れていない。

そうして、「行く時は　別れ別れに違えども　流れは同じ　蓮の台《うてな》に」と歌にもあるように、亡くなった方とも、決して永遠に別れるのではなくて、また仏心に帰って一つになるのです、とお話しました。

終わって控え室に戻りますと、地元のご婦人方何人かが、ぜひともお礼を言いたいと訪ねてくれました。息子を亡くして悲しみにくれていたけれども、今日のお話に涙があふれて仕方がなかった、ありがとうございますと手を握って、お礼の言葉をいただきました。東北の方々のお心の温かさには、こちらが救われる思いがしました。

その折りに、私は仙台市内のお寺を訪ねました。そのお寺の和尚さんは布教師さんで、私も一緒に勉強をさせていただいたご縁なのですが、和尚さんのお寺も震災で大変な被害を受けられました。

まだ若い和尚さんですが、刑務所の教誨師というお仕事もなさっています。教誨師というのは、受刑者の更生のために、刑務所に行って仏教のお話をされる。キリスト教の牧師さんなどがよく知られていますが、仏教の和尚さんも勤めているのです。若いけれども、よく勉強して頑張っておられる和尚さんです。

その折りに、思いがけない話を聴きました。仙台の刑務所に行った時、受刑者の方の一人が延命十句観音経の書きつけを持っていたというのです。よく見ると、それが私の記した延命十句観音経の意訳と和讃のついた書きつけだったというのです。

どうしてと不思議に思って尋ねたら、なんと気仙沼の地福寺の和尚さんもまた教誨師をされていて、受刑者の方々に延命十句観音経をお話になっているというのです。

延命十句観音経は、ここ円覚寺の日曜説教でも毎回始まる前に唱えて、終わった後には和讃を唱えています。私も延命十句観音経とは、高校生の頃から深いご縁がありました。しかし大震災でさらに縁が深まりました。

毎日このお経を写経しては、修行僧たちが被災地にボランティアに行くたびに、お身内を亡くされた方がいたら差し上げて、お寺に寄ったら届けて、と言って渡していました。被災者の方に、なんの力になるか分かりませんが、何もしないよりはと思って、届けてもらっていました。それに一番感謝してくださったのが、地福寺の和尚さんでした。このお経を支えに頑張ると言ってくださったのです。

「めげない、逃げない、くじけない」を合言葉に活動されたのでした。

それからも私は、延命十句観音経を何度も法話で話しました。そこから自然と

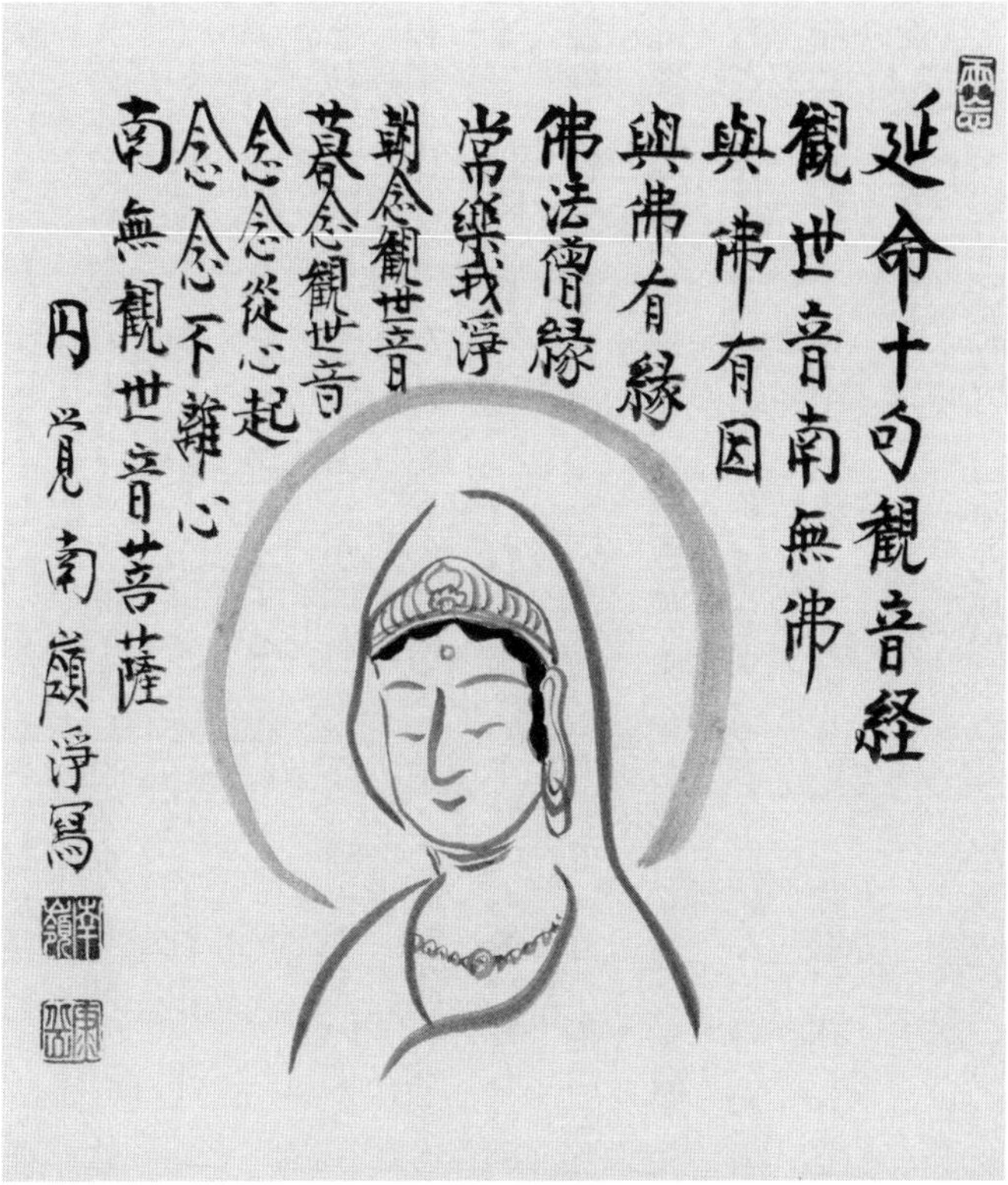
延命十句觀音経
觀世音南無佛
與佛有因
與佛有緣
佛法僧緣
常樂我淨
朝念觀世音
暮念觀世音
念念從心起
念念不離心
南無觀世音菩薩
円覚南嶺淨寫

延命十句観音経

意訳が口をついて出てきました。震災から一年が経って、気仙沼に行って地福寺さんの本堂にお参りしますと、私の書いた延命十句観音経の意訳を置いてくださっていたのです。お礼を申し上げますと、被災された方々の法事を勤める際には、必ずこの意訳を皆さんで読みますとのこと。

それならばと、それがきっかけとなって、唱えやすいように、延命十句観音経の和讃を作りました。地福寺の和尚さんは、この和讃に曲をつけて歌ってくれています。日曜説教の時に、この円覚寺の本堂でも歌ってもらいました。

勧められるままに、そんないきさつをすべて一冊の本にまとめました。朝比奈宗源老師以来のご縁のある出版社からでした（『祈りの延命十句観音経』春秋社）。すると、実に二万部を超えるほど多くの方々に読んでいただきました。全国いろんなところから、和讃を唱えさせてほしい、ご詠歌で詠わせてほしい、という依頼をいただきました。

二百五十年ほど前に、白隠禅師が弘めてくださったこのお経を、今こんなに大勢の方々に読んでいただいています。また延命十句観音経の写経も、円覚寺で大変大勢の方々に納めていただいています。さらには東北の地では、受刑者の方々にも読んでいただいているというのです。

単にお経を読む、写経するというばかりでなく、そこから観音さまの心をしっかりと受け止めてほしいと思います。

「観音さま　どうか人の世の苦しみをお救いください　人の苦しみを救おうとなさる　そのこころこそ仏さまのみこころであり　私たちのよりどころです　この仏さまのこころが　私たちの持って生まれた本心であり　さまざまなご縁にめぐまれて　このこころに気がつくことができます」

辛くてどうしようもない時に人は、観音さま、仏さま、神さまに、どうかお救いくださいと祈ります。それでいいのです。そして、その人の苦しみを救おうと思う心こそが、お互いの本心なのです。延命十句観音経を読むということは、誰もがみな観音さまの心を持っていることに目覚めることなのです。

『無我の愛』という小冊子に、大山澄太先生が次のようなことを語っていらっしゃいます。先生が北海道の旭川市に講演に行かれた時、戦前に旭川の市長をしておられた方から聞いた話ということでした。

妙心寺の管長であった山本玄峰老師が、旭川の市役所で職員全員に禅の話をされた。それを来賓席で聞いていた旭川刑務所の所長さんが、「老師さま、そのような勿体ないお話を、ぜひ受刑者たちにも話してくださいませんか。旭川の刑務所には二千人もの受刑者がおります」と、咄嗟の間にお願いしたそうです。すると、お付きの和尚が「それは無理だ、あと二十分で岩見沢に行かねばならない」と断りました。ところが、それを聞いておられた老師は「そう言うな。三分でも五分でも行こう」とおっしゃったそうです。

所長さんは感激してすぐに連絡を入れ、お供をして刑務所に向かいました。ところが集められた受刑者は、また説教かと横を見たり後ろを向いたり、ざわざわと話をしていて始末がつかない。そんなありさまでしたが、老師はずっと壇上に上がられて、合掌してみなを拝みながら涙をこぼされたのです。

「すまんことじゃ、すまんことじゃ。立派な仏教の教えがありながら、それをわしら坊主が十分に広めずにおったばっかりに、あんたがたは寒い北海道で、こんな目に遭うておられる。こらえてくれ、こらえてくれ」と泣かれたそうです。

すると、みなの態度が一変してシーンとなったのです。多く話す時間もありませんから老師は、「どうかあんたらは、今はこういう目に遭うとるが、腹のどん底には仏さまと寸分変わらんものを持って生まれて来とるんじゃからのう。今からは、今日只今からは、そのあんたらの腹の底の仏縁を大事にしなさいよ」と言って、涙を拭きながら壇を下りられたそうです。

玄関にはもう車が来ていました。受刑者たちはわんわん泣きながら、後を追うようにみなで老師を見送ったということです。

「あんたがたは仏さまだ」と。みんな観音さまの心を持っているのです。そのことを、貪り・嗔り・愚かさのゆえに見失っているのです。みんな観音さまなのです。いま一度、延命十句観音経を読み、書き、意味を味わい、観音さまの心に目覚めたいものです。

誰もがみな観音さまの心をもっているのです。自然も人も、観音さまのみ心です。はじめに紹介した被災地の方の歌にもありました、「青い海　嫌いになんてなれないな」と。海も人もみな観音さまと、手を合わせて拝む心を大切に生きてまいりたいと、震災五年にあたって思うところです。

卯月の章　言葉では語り得ぬもの

昨年、京都の出版社から、私に坂村真民の詩を語るという内容の本を出したいという依頼がありました。ずっと地道に坂村真民先生の詩をお話していますと、そのことがどういうところからか伝わったのでしょう。

先日、次のような本として結実しました。機会がありましたら、一度、手にとっていただけますと幸いです。書名は、『二度とない人生だから、今日一日は笑顔でいよう』（ＰＨＰ研究所）。

坂村真民先生のことは、皆さんもすでによくご存知だと思います。「仏教詩人」と呼ばれることが多いですね。私も高校時代からご縁をいただいてきました。

今もこうして皆さんにお話をするのに、よく坂村真民先生の詩を引用させてもらっています。そんなご縁もあり、ご恩もありますので、それではと、本の編集を引き受けさせていただきました。

本日は、その本に沿いつつ坂村真民先生のことをお話しましょう。

普段でも毎月、真民先生の詩を円覚寺黄梅院の掲示板に掲示していますので、そのたびに『坂村真民全詩集』を開いて読んでいます。全詩集は八巻もある膨大なもので、普段読んでいるにしても、一冊の本にまとめるとなると、改めて学び直してみなければなりません。そこで、膨大な詩を自分なりに六つのテーマに分けてみました。

ところで、先日もある方から本を読んだというお礼の手紙をいただきました。本の中でとりわけ「言葉にならないものを受け止めてゆく」というところに感銘したとありました。

それについては私の弟子が、ある時に法話をしたことがあります。彼はお寺の生まれでなく在家出身で、長らく社会ではたらいてから僧侶になったのです。その出家の動機をテーマに話をしました。それは「言葉にはならない」という話でした。

彼の学生時代、親しい友人が自ら命を絶った、と。しかしながら、どうしてもその原因がわからないといいます。今でも自ら命を絶って、遺書もない、原因が分からないというのは、数多くあるそうです。人の世には、言葉にならない、説明のつかないことがある。そのような言葉にならない思いを大切にする和尚になりたい、という話でした。

手紙をくださった方も、そのお身内でまだ若くして自ら命を絶たれた方があった。けれども結局のところ、どうしてなのか分からない、その分からないということに強い不安を覚えていた。しかし本を読んで、分からない、言葉にならないものがある、それを受け止めて、その苦しみの中から学んで生きていこうと、そう思えるようになったとありました。

誰しも、生きてゆく力のなくなるような時があります。こうしてお話をするのも、また本を著わすのも、言葉では語り得ないものがあることを、伝えるためなのかもしれません。

さて、私が坂村真民先生の詩を語るのですから、私が真民先生の詩を読むようになったきっかけから語らなければなりません。それで、第一のテーマに、真民先生の詩の中でも、仏教、とりわけ禅に対する思いを詠った詩をまとめてみました。たくさんの詩が残されていますが、その中で「生きてゆく力がなくなるとき」という詩があります（『全詩集』第一巻）。「エリ・エリ・レマ・サバクタニ」という詩の一節です。

「死のうと思う日はないが　生きてゆく力がなくなることがある　そんな時　大乗寺を訪ね　わたしはひとり　仏陀の前に坐ってくる　力わき明日を思う心が出てくるまで　坐ってくる」

真民先生が四十代の頃、学校の教師をしながら、毎朝お寺に通って禅の修行をし、仏教、お釈迦さまの教えを学んでいた頃の詩です。

「世尊よ」という詩があります（『全詩集』第一巻）。その一節に、

「世尊よ　あなたに向かいあっていると　なにもかも許していただき　子供のような気持になって　大きなふところに抱かれて　この世を渡ってゆける気がします」

一途に一心にひたすらに妥協せずに、自己を見つめて本当の自分とは何かを求めて、掘り下げてゆこうとされた純粋な心の詩です。

これらの詩は、私を支えてきた根底でもありました。

それから二番目には、真民先生の詩はなんといっても、ご自身で自分が詩を作るのは母への恩返しだと言われていますように、母に対する深い思いがあふれています。ある意味で、それが一番だといってもいいのです。

「念ずれば花ひらく」という真民先生の詩は、先生の詩の一丁目一番地と言っていいものです。この有名な詩については、ここでは深く触れませんが、「念ずれば」の念とは、強く心に思い願うことです。真民先生のお母さんにとっては、夫を四十二歳で亡くし、残された五人の子供を、我が命に代えても守り育てるという、そういう切なる願いであるのです。

「母三十三回忌」という詩が残されています（『全詩集』第六巻）。

「念ずれば花ひらくの　母の念願の言葉が　今日は本当に花ひらいた思いで　いっぱいになり　山上の墓に　花を供える　五人の子供たちが　一人も欠けずこうして　墓前に集い得たのは　すべてこれ母の加護である　偉大な母の愛よ魂よこのあかしよ」

戦中戦後という大変な時代を乗り越えて、その残された五人の子供が、母の三十三回忌に全員揃ったということは、母の加護にほかならないと感じたのです。

「母は遠くに居給わず」という詩もあります（『全詩集』第四巻）。その一節に、「母は遠くに居給わず　常にわが側にいて　われを守り　われを導き給う」

真民先生の九十七年の精進は、常に母と共にあったと思います。晩年に真民先生は、「母という字」という詩も残されました（『全詩集』第三巻）。

「ちかごろ母という字を　ずいぶん書くが　こんなに難しいとは　全く知らなかった　百書いて　ああいい字が　書けたと思うのは　ほんの僅かである　これと同じように　母の苦労を知ることも　また難しい」

ちょっと雰囲気が変わりますが、「いんどりんご」という詩も、好きな詩です（『全詩集』第二巻）。

「嫁にくるまで世間の苦労を　あまり知らずに育った母は　父が亡くなって　貧乏の底にいても　思いきった買い物をした　わたしがうしろから　もういいでしょうなどいうと　だまってついておいでと　おこったような顔で　言うのであった　胃腸の弱いわたしは　母がいかやたこを買い　目ぼしいものがあると　またすぐ魚屋に入ってゆくので　いつもうしろから呼びとめて　母をふきげんにさせた　バナナの大きい一房を買ったかと思うと　高価ないんどりんごをまた買うのであった　母と石手寺の　五十一番札所に　おまいりしたときも　その夜いんどりんごの　みごとなものを買って　わたしに食べさせてくれた　これが四国でのの

母との別れだった　いんどりんごを見ると　いつも母がうかんでくるが　そのいんどりんごすら　あまり買いきらず　一山百円のりんごでかんべんしてもらう母への供物である」

戦後、バナナ一房が、とても高価な貴重なものだった頃の話です。自分自身は貧乏のどん底にいて、ろくなものも食べられなくても、我が子には、精一杯のものを食べさせてあげたいと願う心です。母の思いがよく詠われています。

本においても大切なのは構成です。どのような構成で展開するか大切なところです。真民先生の膨大な詩を、まず第一に、禅の道、それは生きてゆく力がなくなるとき、誰でも経験する絶望の体験の中で、一つの道が見出されます。

そしてその絶望の中で一筋の光が射してきます。それが第二に取り上げた、母の思いであり、母への思いです。それは「念ずれば花ひらく」という母の言葉に表されます。

真民先生の詩を学ぶと、言葉の力を思います。生きる原動力となる大きな力です。それは、ご自身が辛い苦しい体験を乗り越えてきた、その中から出てきた言葉だからこそではないでしょうか。

最近、盲聾者の東大教授、福島智先生のお話を聞くことがありました。福島先生は九歳で失明し、さらに十八歳で聴覚を失い、盲聾者となって、自由に人と言葉を交わすことができなくなってしまいました。

言葉を交わすことは、水や空気や食べ物のように、生きるうえで絶対に必要なものだと福島先生は言われていました。「言葉を交わすことは心の酸素」と表現されていましたが、言葉を交わすことがなければ人は生きてゆけません。

福島先生は、言葉を失ったときの様子を、宇宙空間の中にたった一人でおかれて、酸素ボンベから少し酸素が送られてきたかと思ったら、すぐに止まってしまうというような、そんな非常に不安な状況だと言われていました。

けれどそんな中で、福島先生に最初に光を与えてくれたのが、やはりお母さんでした。お母さんが最初に指点字で呼びかけた「さ・と・し・わ・か・る・か」という言葉だったのです。

その言葉は、母の我が子を思う心がこもった一言です。その一言が、真っ暗闇の宇宙にたった一人で漂う福島先生に、再び光を当ててくれたと言います。

坂村真民先生にとっても、生きてゆく力がなくなるとき、どうしようもなくなったときに、一条の光を与えてくれたのが、「念ずれば花ひらく」という言葉に凝縮された母の思いでありました。


そうして、暗闇から一条の光を見出して、そこから自分の生きる道を見出してゆかれました。それが第三のテーマですが、真民先生にとっては、一遍上人との出会いでありました。

一遍上人は四国のお生まれです。真民先生は四国に住まい、四国で詩を作られたのですが、四国の偉大な宗教家である空海さんのことを、ほとんど取り上げてはいません。最も敬愛されたのが、人生の旅の途上で、先頭に立って民衆と共に念仏を唱えられた一遍上人でした。ボロの衣を身にまとい素足で民衆とともに歩いた一遍上人像のおみ足に触れて、一遍上人の願いを受け継ごうと決意されました。

その決意の言葉が「捨て果てて」の一言です。自分の生きる道を見出すには、捨てることが大切だと言われます。大切なものを得るには、いかに捨てるかということにかかっているのです。

「捨」という詩を、真民先生はたくさん作られています。たとえば、こういう詩（『全詩集』第三巻）、

「先生は　変わられましたねと　いわれるが　わたしは少しも　変わっていない
ただ要らないものを　捨てただけだ」

いらないものを捨てる。これは簡単のようですが、難しいことです。この頃はよく、断捨離といったり、捨てるということが言われますが、捨ててみて分かる

ものがあります。誰しも、悩みや不安を抱えて生きていますが、本当に必要なものは何か、頭で考えていることを整理してみたらいかがかと思います。考えても仕方のないこと、どうしようもないことを、いつまでも考え悩んではいないでしょうか。

坐禅という修行もまた、頭の中に浮かんでくる思い、心にたまっている思いを捨て切るということに尽きます。

そうすれば、どうなりましょうか。同じく「捨」という題の詩（『全詩集』第三巻）に、

「己れを　捨て去った時　リンリンと　鳴るものがあった　フクイクと　匂うものがあった　ピカピカと　光るものがあった」

本当に大切なものが光ってくるというのです。

それが、第四のテーマにつながります。生きることの意味、それは愛すること、

です。この世に生まれたことのつとめは、知ることと愛することだ、と教わったことがありました。それは慈悲の心であり、愛することです。

「生きることとは」という詩があります（『全詩集』第三巻）。その一節に、

「生きることとは　愛することだ　妻子を愛し　はらからを愛し　おのれの敵である者をも　愛することだ」

まず一番身近な家族を愛する、そこからこそ、広く平和への願いが湧いてきます。家族で小さな飯台を囲んで食事をする。そんな何気ない日常を愛する心こそ、平和の原点なのです。


そんな愛する心の実践が、第五のテーマ、大宇宙大和楽という最晩年に達した境地になってゆかれました。それは「真の詩人」という詩で表わされています（『全詩集』第二巻）。

「真の詩人は　草にほほえみ　石にほほえみ　みにくい虫にほほえみ　おのれに

默
円覚南嶺

やいばを向ける　悪人にすらも　ほほえみかくる底の　大らかさを　持たねばならぬ　世界の屋根　ヒマラヤの嶺から出る　あの日月の光のように　すべてを照らさねばならぬ」

一切が、対立するのではなく、お互いが調和する世界です。それを「ユニテ」と表現されました（『全詩集』第三巻）、

「わたしが　ねがうのは　ユニテ（一致）　どんなにちがったものでも　どこかで　一致するものがある　それを　見出し　お互い　手を握り合おう」

そういう世界です。そして最後の第六のテーマ、最終第六章に、何が書かれているかは、それは読んでからのお楽しみ、ということにしたいと思います。

本当のところは語れない。言葉にならないものを人はみな抱えて生きています。それでも今日の命を与えられて生きています。「悲しみの極みに仏にあう」という言葉があります。こういう思いは、ここにお集まりの皆さんもそれぞれ抱えら

れているのではないでしょうか。決して自分だけではないのです。その悲しみの極みにも、命を与えられたこの今日一日を、笑顔で生きてゆこうという願いを込めて、今日のお話を終わりたいと思います。

皐月の章　もう一人の自分と出会う

長い連休が終わり、ようやく第二週になりました。先月には、九州地方の大地震で、命を亡くされた方もいらっしゃいます。ご冥福をお祈りします。また今も大勢の方々が不自由な暮らしをなさっていることを思います。

連休を皆さんそれぞれお過ごしになったと思います。頑張って遠くまで出かけてきたという方もいらっしゃるでしょうし、連休はどこへ行っても混むだけだからと、家で静かに過ごされた方もいらっしゃるかと思います。

私などは、皆さまがお休みの時に仕事があり、皆さまがお仕事のある時に休みがとれるという、そういう仕事をしておりまして、連休の時などは実に大勢の方々がお寺にお参りくださいまして、ありがたいかぎりでございました。

連休中には、この円覚寺で結婚式も勤めました。またお葬式も勤めていました。もちろん結婚式といっても、残念ながら私のではありません。人さまの結婚式です。お葬式も、これもいうまでもなく私のではありません。

そんな外に出かけられない私の連休中の楽しみは、渋滞のニュースを見ることです。どこそこの高速道路で二時間の渋滞、三時間の渋滞などという報道を見てますと、こちらは出かけられないので、それみたことかと何か嬉しくなる自分がいまして、何ともいくら修行しましても、浅ましいといいますか、愚かなことだと自分であきれています。

しかしそんな人の渋滞をひそかに喜んでいる愚かな私が、先日ハッと驚くことがありました。朝の新聞を読んでいて、川柳にこういうのがありました。「渋滞がうれしい　彼女送る道」というのです。これは素敵な川柳だと感心しました。普通ですと、渋滞は嫌なものです。避けたいものですね。いくら連休で渋滞があると分かってはいても、なるべく避けたい。渋滞にあっても、なるべく早く終わるようにと願っています。「よし、今日は渋滞を楽しみに出かけよう」という人はいないはずです。

そんな普通であれば、嫌なもの、苦痛なもの、避けたいものである渋滞が、隣に好きな彼女が座っていると、それだけで渋滞が嬉しくなるというのです。こういう気持ちは、皆さまも大なり小なり経験があろうかと思われます。

好きな人が隣にいると、何気ない会話でも楽しい。いや、もう隣にいてくれるだけで楽しい。渋滞が長くなっても、そのぶん苦痛が増えるのではなく、楽しく嬉しい時間になるのです。

渋滞が大変だという句を作っても面白くも何ともないのですが、これはうまく出来た川柳だなと感心して、メモに書き写しました。書き写していて、これは味わえばもっと深い意味があるのではないかと思っていました。

渋滞というのは、誰にとっても苦痛なもの、そして避けては通れないものです。何も連休に遠出をしなくても、渋滞のようなものに出会うことは、お互いの人生にみなあるのではないかと思いました。

本当は目的地まで早く、真っ直ぐにゆきたいのです。でも途中で思いもかけずに止まらなければならない、思うに任せないことは誰にでも訪れます。「風車　風が吹くまで昼寝かな」とは、戦前に外務大臣を務めた広田弘毅さんの句です。これは一時期オランダ公使に左遷された時に詠った句です。自分には納得のいかない理由で左遷されたりすると、腹も立つかもしれません。不愉快でしょう。しかし悠然と、「風車　風が吹くまで昼寝かな」とは、見事な心境です。どんな環境におかれても、こちらの心の持ちようが大事だということでしょう。

渋滞のような、困難なこと、思うに任せない状況になる。それは人生にはさまざまあります。その中で誰しも避けられないのが、老いと病と死でありましょう。

誰しも老いを避けることはできません。まだ年を取らなくても、若くても、病という渋滞に巻き込まれることもありましょう。会社勤めの方でしたら、仕事がうまくゆかないこともあります。スポーツの選手でしたら、スランプなど実にさまざまありましょう。そして最後には、誰しも死を迎えるという最大の難関が待ち構えています。

そんな困難な状況にあっても、よき伴侶がいれば、人はどうにか頑張ってゆくことが出来ます。「善き友は　心の花の添え木かな」という句をよく引用しますが、善き伴侶が支えになってくれるのでしょう。お釈迦様は、善き友に恵まれ、善き仲間と共にいることは道を成就するすべてである、と言っておられます。

しかし、善き伴侶にいつも出会えるとは限りません。私などは残念ながら、善き伴侶にご縁がなくて今日に至っています。本日、大勢いらっしゃる方の中にも、どうでしょうか、善き伴侶に巡り会えて幸せな方もいらっしゃるでしょうし、どうもご縁がなくて、坐禅でもしようかという方もいらっしゃるでしょう。

世の中は難しいものです。善き伴侶だと思っていても、それが変化することもあるらしいのです。私には経験がないのでわかりませんが、良い人だと思って一緒になる、良い家内だと思ってはいても、「良い家内　十年経ったらおっかない」という川柳もありました。

良い家内と一緒だと渋滞も苦痛にならないでしょうが、これが「おっかない」

に変わりますと、大変なことになりましょう。そうして果ては、「腕枕　昔は妻で今は犬」ということにもなりかねないのでありましょう。

そこでお釈迦さまの教えを学びたいのです。

善き伴侶、善き友、善き仲間を得ることは素晴らしいことであり、道を学ぶ上でも大事なことです。しかし、誰かにやすらぎを求めるだけでは、本当の意味でのやすらぎは得られません。善い家内もおっかない家内になるかもしれません。人生の渋滞のような、困難な状況におかれて、仕方なしにいろんなことで自分の心を落ちつかせようとします。昔からよくいわれるのが、お酒であったり、賭けごとであったり、この頃よく問題になる薬物なども、そうなのかもしれません。

そのように、何かほかのことにやすらぎを求めようとするかぎり、本当のやすらぎは得られない。そうではなく、よく自らを見つめなさいと、お釈迦さまは教えます。「己こそ己のよるべである」とお諭しになっています。

何かにやすらぎを求めるのではなくて、自分自身を見つめることによって、やすらぎを得るということを学んでいれば、これは心強いものです。そこに善き伴侶が加われば、鬼に金棒でありましょう。仮りにいなくても、大丈夫なのです。

それが坐るということ、すなわち坐禅なのです。私が松原泰道先生によく教わりましたのが、「坐るという字をよく見なさい」ということでした。坐るという字は、土の上に人を二つ書いています。これを松原泰道先生は、次のように説明されました。

坐るという字には、二つの人がいる、一つは感情のままに流されてしまう弱い自分、自我です。もう一つは、この弱い自分、感情のままに流されてしまっている自分を冷静に見据える、もう一人の自分なのだ、と教えてくださいました。つまり坐禅というのは、この自分の中にいる、もう一人の自分と出会うことだ、と説いてくださいました。

感情のままに流されてしまう自分というのは、皆さんもよく分かると思います。

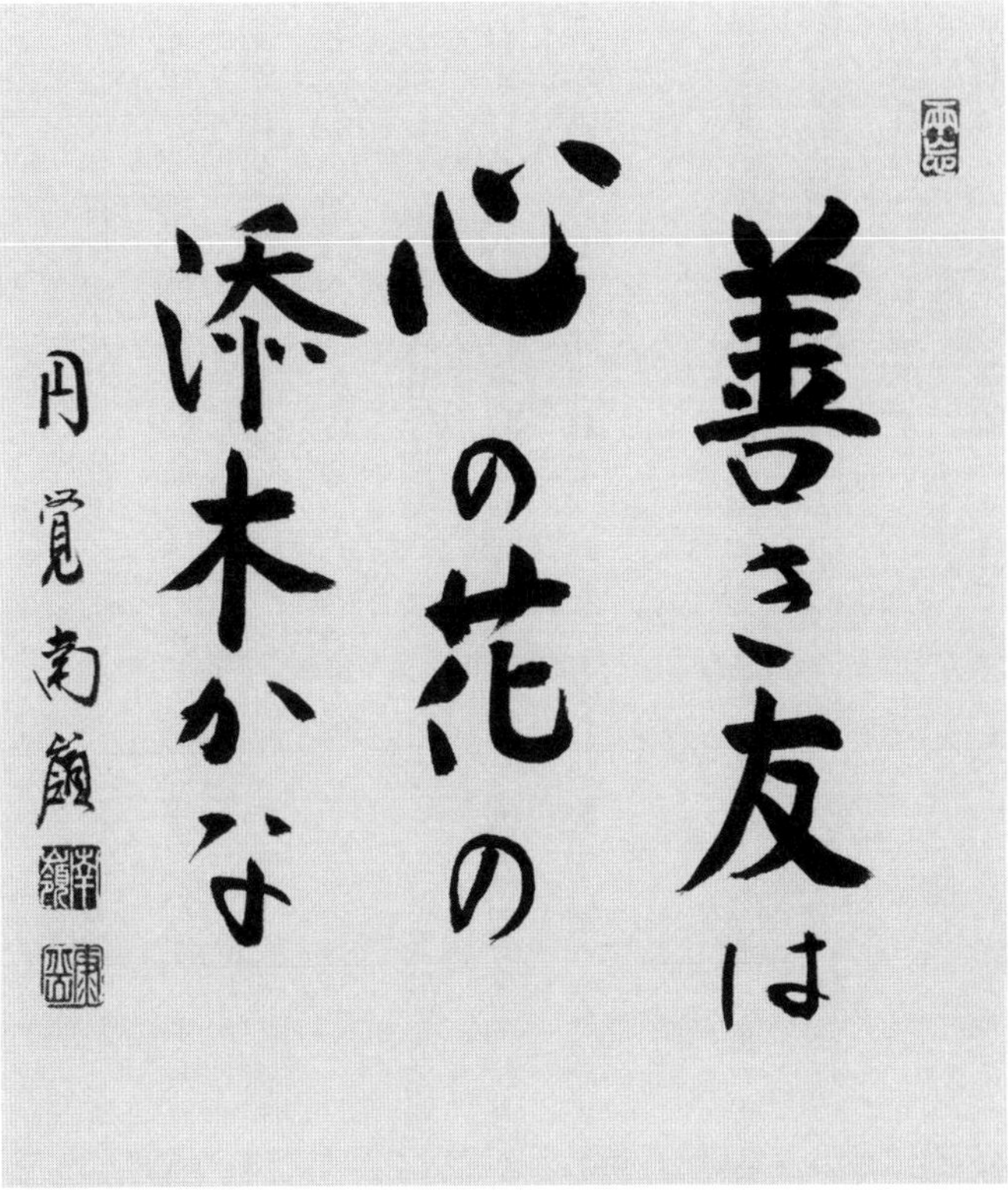
善き友は
心の花の
添木かな
円覚南嶺

そんなことではだめだなと思われるでしょう。また、だめだと思われるからこそ、こうして坐禅に来たり、法話を聴こうと思われるのでしょう。

先ほど、善き伴侶がいると幸いだと言いましたが、それは善き伴侶がいると、対話が出来るから幸せなのです。対話といいましても、何も決して言葉に限らずとも、心が通い合うから楽しいのです。

しかし、仮りに誰も伴侶がいないとしても、一人静かに坐って、感情に振り回されている自分と、それを見据えるもう一人の自分との対話が出来れば、人生の渋滞の苦しみも緩和されて、嬉しい楽しい豊かな人生になると思われます。

松原泰道先生に私がまだ高校生の頃に教わった話です。ある中学生の男の子が、通山宗鶴老師という、当時沼津の原にある松蔭寺に住されていた老師さまに手紙を出されたという話です。

それは、その宗鶴老師のお寺で修行している若い人たちの様子が新聞に紹介されて、それを読んだ中学生の子が、自分もそんな修行をしてみたい、と手紙を書かれたのです。

どうしてお寺で修行をしてみたいと思ったかと言うと、その子は自分で自分が嫌になったのだというのです。自分は感情に激しやすい、すぐにすねてしまったり、泣いたり喜んだり、喜んだと思ったら怒ったり、時には激しく恨んだりもしてしまう。こんなに感情に振り回されてばかりいてしようがないような自分でも、修行が出来ますかという手紙を出されたというのです。

それに対して、見ず知らずの中学生に宗鶴老師という方は丁寧な返事を書かれたそうです。その返信を書くのに、何度も下書きをされた。その下書きを松原泰道先生は見せてもらったそうです。そして松原先生は、見ず知らずの中学生に真剣に何度も下書きして返事を認める宗鶴老師の温かいお心に感動しました。さらにその分かりやすい内容に心打たれたと語っておられました。それが次の一文です。

「禅の修行は、何も心が強い人だけがするものではありません。みな誰しも弱いものなのです。朝起きようと思っても、もう少し布団の中にいたいと思う自分もいます。でも、もう少し布団の中にいたいという自分に負けてしまっては何もなりません。禅の修行どころか、何もできないでしょう。朝起きる時間が来たら、もう少しなどという自分に『おい起きろ』と声をかけて、飛び起きるのが禅の修行でもあります。

あなたは自分のことを、泣いたり喜んだり、怒ったりすねたりと言っていますが、ずいぶんたくさんの心をもっていますね。どれが本当のあなたでしょうか。どれもその時々の一時の感情にすぎないのではありませんか。そんな一時の感情を苦にしなくてもいいのです。

それよりも、いま自分は泣いていると自分を認める、気がついている、そういうもう一人の自分があなたの中にいることに、気づいたことがありますか。いま僕は喜んでいる、と喜んでいる自分を認めるもう一人の自分が、あなたの心の中にいることを考えてください。

このもう一人の自分を、身体で学ぶのが禅の修行なのです。だから、本当に自分を学びたいという熱意さえあれば、誰にでも禅の修行はできるものなのです」と。

中国の唐代の禅僧で瑞岩和尚という方は、坐禅をしていていつも「主人公」と、自分を呼んで坐禅していたといいます。これは、「主人公」と、もう一人の自分に呼びかけている。「主人公、しっかりしろ、目を覚ませ」と呼びかけながら、つねに坐禅をしていたということです。それが瑞岩和尚です。

中学生のことで言えば、布団の中でいつまでも寝ていたい自分と、こんなことではいけない、目を覚ませという自分でもあります。

西田幾多郎先生の歌に、「吾が心深き底あり　喜びも愁いの波も届かじと思う」というのがあります。坐禅をすると、よく皆さんは、雑念が湧いてしょうがない、心が乱れて仕方ない、と言われます。けれども、感情に揺れているその心の奥に、いつも静かな心がある、もう一人の自分がいるのです。

いつも坐禅をする時に腰骨を立てましょう、と言います。これはまずもって、もう一人の自分を目覚めさせる第一番です。それから静かに呼吸をします。これが感情の波を穏やかにさせるのです。そして、その呼吸の様子を見つめましょう、と言います。呼吸を無理に調えようとするよりも、静かに呼吸を見つめていると、自然に調うのです。

感情の波も同じことです。静かに見つめていることによって、しだいに治まってきます。静かに見つめているのが、大事な「主人公」であり、本来の自己、もう一人の自分なのです。ある禅宗の老師は、ここのところを「わたしのなかに、もうひとりのすてきなわたしがいる」と、やさしく表現されています。

私を見つめているもう一人の素敵な私は、私が善いことをすれば心から喜び、悪いことをすれば素直に反省することができて、どんな状況におかれても、常に穏やかに相手を思いやることができるのです。

人が渋滞に巻き込まれているのを見て手を叩いているのは、これはわがままな感情のままに流された自分です。人が辛い思いをしていると一緒に辛くなる、喜んでいるのを見ると一緒に喜ぶことが出来る。そんな素晴らしい自分が、一人ひとりの心の奥にいるのです。そんな素晴らしい心を、人はみな生まれながらに持っています。誰にも奪われることのない宝物です。

人生の渋滞に遭うことは誰にでもありましょう。善き伴侶がいればいるに越したことはありません。しかしやはり大事なのは、その時の自分の心です。心一つで、地獄のような渋滞も幸せになる。その中で嬉しいと感じる、楽しいと思うと、感謝することさえ出来ます。

それには普段から、まず腰骨を立て呼吸を静かに調えて、自分の心の様子を見つめる。そして静かに見つめる自分がいることに気がつくことが大事です。自分自身との対話を深く行うことで、人生の渋滞も乗り越えてゆきたいと思うのです。

水無月の章　ただひとつに打ち込んで

六月、はや入梅の頃になりました。梅雨とはよくいったものです。「梅の雨」と書いて「つゆ」と読みます。皆さんもご存知のことと思いますが、考えてみれば奥ゆかしい言葉です。「つゆ」という語感もよろしくて、いかにもしっとりとした趣があります。江戸のころから「つゆ」と呼ばれているようです。

ただ、「しっとり」くらいなら、まだよろしいのですが、ここ鎌倉はとくに湿気が強くて、「しとしと」が「じめじめ」になって、あちこちにカビが生えたりもします。梅雨とは黴《かび》の雨と書いて、「黴雨《つゆ》」ということもあるそうです。

日本の言葉というのは、素晴らしいもので、雨でもいろんな表現があります。春雨《はるさめ》、五月雨《さみだれ》、梅雨、時雨《しぐれ》などなど。春雨など言葉の響きがいいですね。春にしとしと降る雨で、いかにも「しとしと」という感じがします。秋雨《あきさめ》などもそうです。時雨は、晩秋から初冬にかけて、ざっと降ったかと思ったら、すぐに青空が戻ってくるような雨です。

氷雨《ひさめ》というのもあります。私などは、長らく冬の雨のことだとばかり思っていましたが、もともとは夏の雨だそうです。俳句では夏の季語とされています。氷雨は元来、夏の始めに降る雹《ひょう》のことで、発達した積乱雲によるもので、よく雷をともなうのだそうです。

雨の降り方もいろいろありますね。俄雨《にわかあめ》などというのはよく使われますが、突然に降ってきて、すぐに止んでしまう雨です。篠突《しのつ》く雨などともいいます。これは、激しく降る雨のことです。篠とは群生する細い竹のことで、雨の激しさを、篠を突きおろす状態にたとえた言葉です。それから、肘笠雨《ひじがさあめ》などというのもあります。これは俄雨のことで、もう笠《かさ》をかぶる間がなく、肘《ひじ》をかざして袖《そで》を笠のかわりとしたことから、できた言葉だそうです。

これは落語の一節ですが、俄雨が降ってきて、さあ大変だと、サッと急いで駆けてゆきます。すると、ぼやっとした者がのんびり雨の中を歩いてきまして、なんで急がないのかと聞くと、急いだって向こうも降ってるよ、などという話もあります。

「二人行く　一人は濡れぬ時雨かな」という川柳があります。お分かりでしょうか。こういう句を禅の問答にも使うことがあります。二人で行くうちの一人は濡れない、とはどういうわけでしょうか。

一人は笠を持ってなくて、一人は笠を持っていた、というような単純な話ではありません。ひとつは、心の持ちようということが関わってきます。

よく昔の法話、お説教で使われた話があります。あるお寺の門前で、お婆さんが住んでいて、「泣き婆さん」と呼ばれていました。晴れになっても雨が降っても、いつも泣いてばかりいるといいます。

どうして晴れても降っても泣いてばかりいるのかと聞きますと、それは、お婆さんに二人の息子がいました。一人は笠屋を営んでいて、一人は下駄屋を営んでいる。お婆さんは、お天気になると、伜の笠屋は今日はこんな良いお天気では、笠が売れなくて困るだろうと泣いています。また雨が降ると、こんどは、うちの倅の下駄屋がこんな雨では下駄が売れなくて困るだろうと、また泣いているというのです。それで晴れても降っても泣いてばかりいました。

そこで、お寺の和尚がお婆さんに言いました。それはいけない、これからは、雨が降ったら、うちの倅の笠屋がよく売れて嬉しいと喜びなさい。天気になったら下駄屋がよく売れて嬉しいと喜びなさいと言いました。それからお婆さんは、照っても降っても喜んでばかりいたという話です。心の持ちようということをよく表しています。

雨にちなんで、お釈迦さまにこんな話があります。

雨が降ると、人間はどうしても何とはなしに気が滅入ってしまいます。さきほどの「しとしと」から「じめじめ」で、湿気てしようがないという頃になると、気も滅入ってしまいます。

お釈迦さまがまだ修行を始めたばかりの弟子たちを連れて旅をしていました。ただでさえまだ出家したばかりですから、家のことや故郷のことが恋しくなってしまいます。そのうえ途中で雨に降られて、みなだんだん気が滅入ってきました。そこで雨宿りをしようと、途中で、ある家に立ち寄りました。ところが、その家は雨漏りのする家でした。そこでお釈迦さまは雨にちなんでお説法をされました。

法句経というお経に説かれています。

「屋根を粗雑に葺いてある家には雨が漏れ入るように、心を修養していないならば、情欲が心に侵入する」

「屋根をよく葺いてある家には雨の漏れ入ることがないように、心をよく修養してあるならば、情欲の侵入することがない」

友松円諦先生の訳では、こうなります。

「そあらに葺かれたる屋舎に雨ふれば、漏れやぶるべし。かくのごとく、心ととのえざれば、貪欲これを破らん」

「こころこめて葺かれたる屋舎に、雨はふるとも漏れやぶることなし。かくのごとく、よくととのえし心は貪欲も破るすべなし」

貪欲など心の迷いがつけいることのないように、心をよく調えるならば大丈夫、という教えです。

雨に降られる。しかも傘も持っていないとなると、誰しも気が滅入ります。しかし、いつも晴れているばかりではありません。晴れの日は誰しも嬉しいものですが、この雨の時にどう心を調えるかということが大切です。心がよく調えられていれば問題ないのです。

山頭火の言葉に、「山あれば山を観る　雨の日は雨を聴く　春夏秋冬　あしたもよろし　ゆうべもよろし」とあります。

相田みつをさんの言葉に、「雨の日には　雨の中を　風の日には　風の中を」とあります。これは相田みつをさんご自身が、「雨の日には、雨を、そのまま全面的に受け入れて、雨の中を雨と共に生きる。風の日には、風の中を、風といっしょに生きてゆく。特別なことではない、ごくあたりまえの生き方のことです」と語っています。

なかなかそうは言っても、雨の日を避けたい、風の強い日は何とか避けたい、というのがお互いの思いでもあります。

お隣の建長寺さんに、湊素堂老師という方がおられました。建長寺の管長と僧堂師家を、ちょうど十八年お勤めになられました。管長在任時に、ご自身が修行された京都の建仁寺から、ある要請がありました。それは、建仁寺の管長で素堂老師の師匠にあたる竹田益州老師がお歳を召したので、素堂老師に建仁寺の修行道場の師家を勤めてほしいというのです。それで、素堂老師は建長寺の管長をお辞めになって、京都の建仁寺へ移られたといいます。そういう老師です。

私は、その湊素堂老師が建仁寺にいらっしゃった頃、参禅をさせていただきました。素晴らしい老師さまでした。お亡くなりになって、建仁寺から素堂老師の追悼集を出すので、何か思い出を書いてほしいと頼まれたことがありました。

そこで私は雀の話を書きました。忘れられない思い出があります。

ある小雨の降る朝のことでした。老師がご本山から僧堂にお戻りになりました。私はちょうどその折りに、隠侍《いんじ》といって老師の身の回りのお世話をする役職を務めていました。老師はお帰りになるとすぐに、「これからお葬式にゆくからついてくるように」と言われました。

お葬式があるというような予定は何もうかがっていませんでしたので、まごまごしていると、とにかくついてくるように言われます。普通でしたら衣を着て支度しますが、作務衣のままでいいからと言われます。とにかく何が何だか分からないままに、小雨降る中を老師について行きました。

建仁寺の山内に、西来庵という塔頭《たっちゅう》寺院があります。その西来庵で、大事に飼われていた雀が亡くなったのでした。素堂老師という方は、雀の絵を描くのが得意でした。雀や鳥などをとても大事に可愛がっておられた老師で、西来庵の雀のこともよくご存知だったのです。

そこで素堂老師と二人、西来庵のお庭で雀のお葬式をしたのでした。雨の中で、老師はご自身傘も差さずに、一生懸命にお経をあげられました。私はその後ろで老師が濡れないように傘を差し掛けて、一方こちらは半分濡れながら、お経をあげたことを覚えています。

いま西来庵の和尚さんは、うちの雀は建長寺の素堂老師と円覚寺の管長に葬式をしてもらったのだと、たいそう誇りに思ってくださっているようです。


その素堂老師の追悼集『鎌倉十八年』という本に、老師の「禅の味」という文章が載っています。これがまた素晴らしい文章なのです。

素堂老師は、建長寺にお入りになるまえに、和歌山県の串本にある無量寺というお寺の住職を務めていらっしゃいました。その頃に串本の人たちから、「和尚さん、わがえ（私達）の本山は禅宗なそうじゃが、禅てむつかしいんじゃろうノ

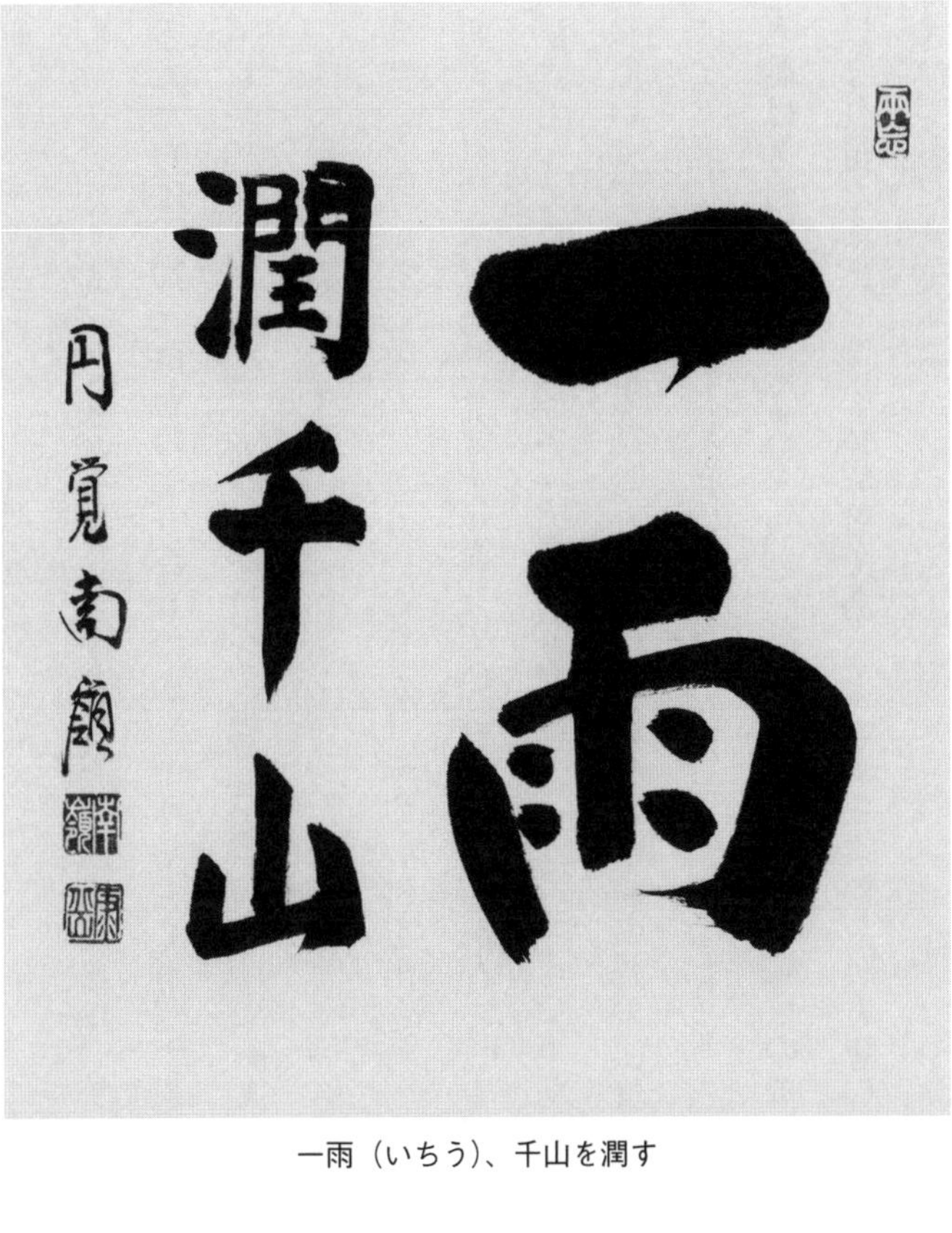

一雨（いちう）、千山を潤す

ンシ（でしょう）」と、そう言われたというのです。

わけの分からぬ、むずかしいことを禅問答みたいだとは、よく言われます。一般の人たちに、禅とはどのようなものか分かりやすく説明するのは難しいことです。しかし素堂老師は、「何ぞ知らん、禅とは皆さんの足もとにころがっているのです。いや皆さんの生活の中にあると言った方が当っているでしょう」と言われます。どういうことか、こういう分かりやすい例を出されています。

たとえば、「お裁縫に夢中になっているうちに、おひる（食事）の支度をする時間がとっくに過ぎていた」とか、あるいは「〈ここまで草刈らんならん〉と精出していて、フト、背のびした瞬間に、おなかがすいたのに気がついた」とか、「こんな無我夢中の心の状態に禅の匂《にお》いがただよっております」というのです。

老師はさらに、「いやまさに、これこそ禅味満喫の姿なのであって、無心の心境になり得た人は、禅の体験者であると云ってよろしいと思います」とまでおっしゃっておられます。

さらに言葉を継いで、「禅と云う言葉は、印度の言葉（発音）がそのまま漢字になったもので、無我無心に通じる〈静かに思う〉という意味でありますから、禅という言葉は知らなくとも、実際にそんな心境になり得る人は、誰でも禅を心得た人と云うわけです。こんな言葉を何かで読んだことがあります。『人間として最も美しい姿は、それぞれの人がその職業にふさわしい服装で、自分の仕事に打ち込んでいる時である』。一心不乱に正業に打ち込んでいる時は、力強い、人の命の生きがい、喜びをかみしめることが出来るのでしょう。その打ち込んでいる姿が、まさに禅の姿なのです」と。

さらに、「最近、農村の危機が叫ばれていますが、この間こんな新聞の投書記事を読みました。『強い雨の中を田植えの準備のため、あぜや土手の草刈りをする。とぎ立てのカマの切れ味がこころよく、一生懸命仕事をつづけた。ふと気がつくと、もう日暮れである。そろそろ仕事をやめようと思う。ふと心の中を満足感がよぎる。〈ああ、今日一日、私は一生懸命やったのだ〉という喜び……』」。

これは、茨城県で農業を営む十九歳の方の投書です。

　この投書を引用されて素堂老師は、「十九歳の乙女、習はずして禅を体得すとでも言うべきでしょうか。禅語に〈日々好日〉というのがあるが、この女《こ》がこれを聞いたら、はち切れる両ほほにえくぼを浮べて、コクリとうなずくに違いないでありましょう」と。

　雨の中で、雨にずぶ濡れになりながらも、このようにひたすら打ち込んでいれば、雨も苦にならないでしょう、いや雨に打たれていることも忘れるのでしょう。降る雨も、雨に打たれる自分もない。ただ一つに打ち込んでいる、そこにこそ充実した喜びが感じられます。


　武者小路実篤さんが、こう言われています。

「一番深いところからくる　純粋な喜びを感じつつ　毎日の仕事を　悠々とやっていきたい　まず自分のすることをして　今日も無事に有益に　一日を過ごせた

ことを　心ひそかに喜びたいと思う」と。

こんな生き方が出来たら、「二人行く　一人は濡れぬ時雨かな」、それは、雨に降られても濡れない生き方なのではないかと思います。

湊素堂老師が雨の中で、雀に一生懸命お経を読まれていた後ろ姿を思い出して、私が傘を差し掛けていたから濡れないのではない。そうではなく、一心に雀の命を愛おしんでお経を読まれていた老師は、雨の中を雨に濡れながらも濡れないのに、雨に濡れるかもしれないと気にばかりしていた私こそが濡れていたのだと、この頃になってようやく気がついてきました。

文月の章　いのちかぎりなし

七月十二日は、鈴木大拙先生のご命日です。昭和四十一年にお亡くなりになっていますので、今年で没後五十年となります。

いま、こうして円覚寺でも坐禅に見える方が多くあります。土曜日や日曜日ともなると、大勢の方々が坐禅をされています。また国内のみならず海外からも、坐禅に関心をもって見える方もいらっしゃいます。先だっても、アメリカの大学生たちが、坐禅をしたいと円覚寺に滞在されていました。

禅は、今や世界中に弘まっていると言って過言ではありません。ずっと以前に、二十一世紀に日本で世界に通用するものは、車とアニメと、そして禅だと聞いたことがあります。車とアニメはしばらく措いて、禅は確かに今、世界から注目されています。

その禅が世界に弘まるおおもとが、この円覚寺であったことをご存知の方は少ないかと思います。これはひとえに、円覚寺の釈宗演老師と、そのお弟子である鈴木大拙先生によるものです。

大拙先生といっても、没後五十年ですから、直接ご縁のあった方も少なくなっています。いつでしたか、金光寿郎さんという――この方はNHKの「宗教の時間」や「こころの時代」という番組を六十年来担当されている方ですが、お目にかかったことがあります。これまで何百人もの僧侶や宗教者に接して話を聞いて来られた方です。私は金光さんに「いままで多くの宗教家に出会って、一番これはという印象に残っている方はどなたですか」と聞きました。

難しい質問です。しばらくお考えになるかと思いきや、即答でした。金光さんは「それは大拙です。鈴木大拙先生は、やはり違いました」と。

今日、禅はZENとも言われ、海外からの関心も高い。かのアップル社のスティーブ・ジョブズ氏も、若い頃から禅に参じていたことはよく知られています。

明治二十六年、当時まだ三十三歳であった円覚寺の管長釈宗演老師が、シカゴの万国宗教者会議に出講されました。これが海外に禅の教えが伝えられた最初と言われています。それが機縁となって、当時まだ若き学生であった大拙先生が渡米されたのです。禅が世界に弘まったのは、大拙先生の存在が大きかったと言わざるを得ません。

大拙先生の偉大なところは、単に学問を究めた学者というだけでなく、自ら若い頃から、円覚寺の今北洪川老師と釈宗演老師に参禅して、深い宗教体験を得ていたところにあります。

初めて円覚寺僧堂で洪川老師に相見した時の思い出を、後年このように記しています。「そのとき老師の人格からどんな印象をうけたか、それも今覚えがない。今覚えているのは、いつかの朝、参禅というものをやったとき、老師は隠寮の妙香池に臨んでいる縁側で粗末な机に向かわれ、簡素な椅子に腰かけて、今や朝餉をおあがりになるところであった。それが簡素きわまるもの。自ら土鍋のお粥をよそってお椀に移し、何か香のものでもあったか、それは覚えていないが、とにかく土鍋だけはあった。そしていかにも無造作に、その机の向こう側にあった椅子を指して、それに坐れと言われた。そのときの問答も、また今全く記憶せぬ。ただ老師の風貌のいかにも飾り気なく、いかにも誠実そのもののようなのが、深く我が心に銘じられたのである」と。

隠寮の縁側は数年前に、朽ちかけて取り外すことになりましたが、洪川老師と大拙居士の出会いの大切な場所ということで、あえて残すことになったのです。

青年期に、今北洪川老師という明治を代表する禅僧に出会われた、その感動が大拙居士の生涯を貫くものとなっていると思われます。

洪川老師は大拙居士が参禅された翌年に遷化され、そのお弟子である釈宗演老師に参禅を続けられました。この宗演老師との出会いが、大拙居士の生涯にもっとも大きな影響を与えました。

宗演老師は、洪川老師の後、満三十二歳で管長になられ、その明くる年にはシカゴの万国宗教者会議に日本の仏教界を代表して出席され、そこでポール・ケーラスに出会います。ケーラスの著した『仏陀の福音』を大拙居士が邦訳したのが縁で、大拙居士は明治三十年に二十七歳で渡米されたのです。
大拙居士は、それまで宗演老師のもとで「無字」の公案を工夫していましたが、渡米までにはなんとしても明らめたいとの願いが実り、渡米直前の臘八大摂心においで透関されました。

このような自らの深い禅体験がもとになって、その後の大拙居士の活躍があります。明治四十二年、三十九歳で帰国した大拙居士は、それ以来、円覚寺山内の正伝庵に寓居しつつ、東慶寺に移られた宗演老師に参禅を続けます。宗演老師の遷化まで学習院大学で教鞭をとりつつ参禅されました。宗演老師の遷化の後に、大拙居士は京都の大谷大学に移られました。

晩年は東慶寺の裏山に松ヶ岡文庫を作って、そこで研究と著作に励まれました。お亡くなりになったのは、九十六歳でした。

その晩年に身の回りのお世話をなさっていらっしゃったのが、岡村美穂子さんという方です。大拙先生が、当時八十一歳でアメリカのコロンビア大学で講演なさったのを、岡村美穂子さんがわずか十六歳の時に聞かれて、それがご縁になって、以来十五年もの間、大拙先生のおそばで秘書としてお仕えされたのです。

岡村さんが十六歳で初めて大拙先生の講演を聴かれた時、まずそのお姿が印象的であったといいます。焦げ茶色の風呂敷包みを脇に抱えて、サッサと演台に登られて、聴衆に気を取られるふうでもなく、気負ったふうでもない、全くむだのない動きに心惹かれたといいます。岡村さんは講演を夢中になって聞かれましたが、その内容は全く分からなかったそうです。

後年、岡村さんはその当時のことを、こう振り返っています。「物音一つしない静まりかえった会場のなかで、私はこれまでに出会ったどの日本人にもない、風韻のようなものを先生に感じました。歩き方、腕時計の見方、本の広げ方、そのどれをとっても一つひとつの動作に迷いがなく、実に自然なのです。まだ日本を知らなかった私にとって、先生の一挙手一投足は、まさに〝傑作〟であり、中国の古典から抜け出てこられたような東洋の紳士を連想させました」。

岡村さんはその講義のあとに、先生の控え室を訪ねて、「先生、何も分かりませんでした」と申し上げたらしいです。随分思い切ったことをなさるものですが、すると先生は、穏やかに「じゃあ、明日お茶にいらっしゃい」と言ってくださったのでした。この一言が若き岡村さんの一生を変えてしまったといいます。

大学の宿舎を訪ねた岡村さんは、「人生の意味がわからない」「大人なんてつまらない」「これ以上生きて何の意味があるのか」など、若者らしいさまざまな悩みを打ち明けられたそうです。それを大拙先生は、ただじっと耳に手を当てて頷きながら聞いてくださった。岡村さんは自分のような少女の訴えに、ただじっと耳を傾ける先生のお姿に心打たれました。

岡村さんが一通り悩みを打ち明けられると、大拙先生は言われました。「美穂子さん、手を出してご覧」と。岡村さんは言われた通り手を差し出します。すると大拙先生はその手を広げて、「よく見てご覧」。岡村さんは何事かと思ってじっと自分の手を見ます。大拙先生はさらに、「綺麗な手じゃないか、仏さまの手だぞ」と言われました。

さて、禅の問答のようです。その後、岡村さんは、この自分の手のどこが仏の手なのか、なぜそんなことを言われたのか考え続けたと言います。

皆さんもいかがでしょうか。ご自身のお手をご覧ください。これは決して十六歳のお嬢さんの綺麗な手だから、仏の手だというのではありませんね。

後日、どうしてもその意味が分からない岡村さんは、大拙先生に「なぜ私の手が仏の手であるのか分かりません」と聞き返しました。

すると大拙先生は、「では、美穂子さん、いまあなたはその手を、私の手だと言ったけれど、その手はあなたが作ったのですか」と聞かれました。岡村さんはすぐ「そうではありません」と答えます。大拙先生はさらに「では、ご両親が作ったのか」。それも違います。さらに「では親の親が作ったのか」と。それも違いましょう。ずっとさかのぼってゆけば、どうなりましょうか。

「爪を切った　指が十本ある」と、尾崎放哉は詠いました。だれが十本の指を作りましたか。親でもない、もちろん、その親がなければ手も指もありません。そのまた親がなければ、ありません。この一本の手も指も、親、その親、さらにまたその親と、ずっと連綿と命が伝わって、こうしていま私に、指が十本あるのです。

いま、この手はもちろんのこと、体全体を血液が循環しています。誰がこうして循環させているのでしょうか。これは自分でやっていますか。自分の力でしょうか。

人の体の血管をすべて合わせると、なんと地球二周半にもなるんだそうです。本当かと思いますが、計算するとそんなになるそうです。そんなに長いものを、どのようにしてこの体におさめたのでしょうか。

さらに神秘的な出来事は、今も私たちの体の中で起こっています。心臓が送り出す血液の量は、どのくらいの量になるのでしょうか。なんと一日に送り出す血液量は、およそ八千リットル、二リットルのペットボトルが、四千本です。一生ではどうなりますか。もし八〇年生きたとすれば、およそ二億三千万リットル。これは、石油タンカー一隻分に相当します。私たちのこの体には、石油タンカーが積まれているようなものです。

この血の通った体、この生きている命は、親が命がけで願い祈った命でありましょう。しかし、さらに親をも超えた大いなる命がはたらいていると思わざるを得ません。それを仏の命、仏の願いと言うのでしょうか。

先ほどの金光寿郎さんは、大拙先生について忘れられないこととして、こんな話をしてくれました。

大拙先生は禅のみならず、浄土真宗も学ばれて、『教行信証』の翻訳も手がけていらっしゃいました。当時、まだ若き岡村美穂子さんがおそばにお仕えしていて、あるとき大拙先生に、「阿弥陀さまの本願というのが、どうしても分からない」と訴えました。

大拙先生はその時、ひげを剃っていて即答できません。しばらくして、岡村さんが台所で朝餉の支度をしていると、奥の部屋から「美穂子さん」と呼ぶ声がします。岡村さんが駆けつけると、大拙先生は朝の窓の外を指さしました。そして一言、「本願が上ってきた」と。窓の外を見ると、松ヶ岡の向こうに、円覚寺の山の合間から、朝日が上って来ていたそうです。

こういう答えは、学者にはできません。仏教の本質、——空、無相、無我であること、すなわち阿弥陀さま、永遠のいのちを、坐禅を通して深く体得していればこそ、出てきた答えでありましょう。

坐禅をなさる方は、何か今の自分に足らないものを求めて、もっと今より立派になろう、あるいはなにか特別の力、能力を身に付けたいと思われるかもしれません。それも決して否定はしません。たしかに静かに坐れば、心が落ちつきます。冷静な判断もできましょう。しかし、それよりも、もっと単純な、この生きてい

無量壽
円覚南嶺

ること自体がすばらしいことだと、気がつくことが大切なのです。

坐禅の呼吸法というのも、いろいろあります。腹式呼吸がいい、いや丹田呼吸だ、おなかを膨らます、おなかをへこます、実にさまざまです。それも素晴らしい効果があります。しかしそれよりもなによりも、この呼吸をしていること自体が、素晴らしいと実感することが大事なのです。「限りなき仏のいのち　いまここに　この一息に生きておるなり」です。

最後にもう一つ金光さんに聞いたことがあります。「金光さん、大拙が一番と言われましたが、その次はどなたですか」と。おそらく誰かお坊さんを挙げられるかなと思ったのですが、竹部勝之進という在家の詩人を挙げられました。

こんな詩を残している方です。たとえば「ヒカリ」という詩。

「コドモガカクレンボウヲスルガ　ミヲカクスコトハデキナイノダ　キノカゲニカクレテモ　モリトトモニアルノダ　テンチトトモニアルノダ」

また、「タスカッタヒト」と題して、「タスカッテミレバ　タスカルコトモイラナカッタ」。

あるいは「拈華微笑」という題で、「ワタシハ　コノママデヨカッタ」とあります。どれも深いものです。

そして「真の仏弟子」という詩があります。

「ワガミニアタマガサガル　ワガミニアタマガサガッタヒト　ワガミニアタマガサガッタヒトハナニモノニモオソレナイ　老モコイ　病モコイ　死モコイ」と。

この我が身に、大いなる仏の命が息づいている、仏の願いがこもっている。毎朝、日が上る。春に桜が咲く、涼しい風が吹く、そして、いま私が生きている。大自然の命です。お互い大自然の命の中に生かされています。いま生きているこの私に、毎日の暮らしに、禅は生きています。

手をご覧ください。誰が作ったのでもない、仏の手です。絶え間なく脈打っているのは、仏の命です。仏の命の通った仏の手ですから、人のために親切するように使ってゆきたいと思います。

眼は仏の眼です。人のよいところを見つけてあげたい、辛い苦しんでいる様子に気づいてあげたい。耳も仏の耳です。悩みや苦しみを聞いてあげたい。仏の命を大切にしてゆきたい。そう思うのです。

葉月の章　「ありがとう、すみません、はい」の心

ここ円覚寺でも、いつも朝は「おはようございます」の挨拶から始めています。「挨拶」というのは、普段はごくあたりまえに、何気なく使っている言葉ですが、『広辞苑』には一番始めに、「禅家で、問答を交わして相手の悟りの深浅を試みること」とあります。その後に「人に会ったり別れたりするとき、儀礼的に取り交わす言葉や動作」と、今日用いられる意味が記されています。意外にも、元来は禅語なのです。

「朝の挨拶をする、ハイという返事、履き物をそろえる」というのは、著名な教育学者、森信三先生の「しつけの三原則」でありました。けれど、朝の挨拶をきちんとする、これだけでも簡単なことではありません。

ちなみに、森信三先生は「人生の三つの肥やし」として、「朝の挨拶は人より先に」、次に「腰骨を立てる」、それから「義務を先にして娯楽は後にする」と説かれています。いずれにしても、大切なのは挨拶なのです。

「おはよう」の語源は、「おはやく○○ですね」などの「おはやく（お早く）」です。この「おはやく」が転じて、「おはよう」となったと言われています。

「こんにちは」は、もともとは「今日は」のことですから、「今日は暑いですね」、とか「今日はご機嫌いかがですか」という、下の言葉が略されているのでしょう。

また「さようなら」は、「さようならば（左様ならば）」の「〜ば」が略されて、挨拶になった言葉です。いま若者などが別れ際に言う「じゃあ、そういうことで」のようなもので、「さやうならば」は「そういうことならば」を意味する言葉です。


そんな挨拶の言葉の中で、今日学びたいのは、食事のときの言葉、「いただきます」です。『広辞苑』には「出された料理を食べ始めるときの挨拶の言葉」とのみあります。

また食事をいただいた後には「ごちそうさま」と言います。「ごちそう（ご馳走）」とは何でしょうか。これも『広辞苑』には「馳走の丁寧語。ふるまい。もてなし」とあります。「ごちそうさま」は、他の辞典にも「ご馳走になったのを感謝する意の挨拶語。日常の食後の挨拶にも使う」と書かれています。時には不思議な使い方もされて、「男女の仲を見せつけられた時、からかっていうのにも用いる」などともあります。

「学校では給食費を払っているんだから、『いただきます』と『ごちそうさま』を言わせないで頂戴！」というクレームを言う人もいると聞いたことがあります。

朝・昼・晩の毎食時に「いただきます」と声に出して言う人は、全体の三五パーセントで、家族と一緒に食事をしている時は、六〇パーセントの人が「いただきます」と声に出して言っていることが分かったという資料もあります。多いのか少ないのか、意外に少ない気もします。

少し前に毎日新聞のコラムに、医学者で随筆家の海原純子先生が、「あさりの物語」という話を書いていました。

「スーパーの店先にあさりが並ぶと、条件反射のようにかごに入れてしまう。ワイン蒸しにしてもパスタにしても美味しい。ぬたや味噌汁という方もいらっしゃるだろう」。しかし、いざ調理しようとすると毎年後悔してしまうというのです。「ついさっきまで気持ちよさそうにボウルの中で貝殻の蓋をあけ、管をのばしていたあさりを熱湯に入れる時のうしろめたさったらない。申し訳ない、ごめんなさいとつぶやきながら、しかし食べる段になると、ついさっきの罪悪感がどこへやらで美味しくいただいてしまう」というのです。

そこで「料理を作らずに、出来上がったあさりのパスタだけ見ていると、それまでの『あさりの物語』を想像するのがむずかしい」と言われます。「たぶんあさりは、どこかの海にいて誰かが採り、運ばれ、私の家の台所にやって来たのだろう、あさりだけでなく野菜も魚も肉もそれぞれの物語をもっている」と書かれていました。さらに海原先生は言われます。

「自分の食べる食材の物語を実際に体験しておくことが、心のあり方に関わるのではないかと思う」と。

もちろんのこと、先生ご自身も、「私自身も都会に住み、スーパーで買い物をしているから、魚を採ったり野菜を育てる体験が豊富とはいえず、自分の食べるものの物語を知る機会は少ない」とおっしゃいます。

そのうえで「ただ、あさりの季節で感じるようなちょっとしたきっかけが、気づきの糸口になることがあるのだ。いつもいつも食物の物語を思い浮かべることはできなくても、季節の折々で自分が気に入っている食物の物語を想像してはどうだろう」と言われるのです。

そして「以前、友人のご両親が採った海老を届けてくださった時も海老の物語を想像したし、自宅のベランダの小さな鉢植えで育てたブルーベリーを収穫した時にも、講演会で出かけた会場近くの畑で立派なキャベツを見つけた時にも、各々の物語を感じることができた。

これからの季節、旬の野菜や魚のどんな物語を想像なさいますか？　私はあさりの物語を思い浮かべた時、ほんの少し前まで元気に生きていたあさりの命をもらったという思いで何ともいえないありがたさを感じたし、以後も食事をする時に謙虚な思いが時々心に浮かぶのを感じたりする。

だからといって、とてもベジタリアンにはなれないのだけれど、その思いを感じることなく食べる自分とはどこかが違うと思っている。そして自分のまわりにいる親しい人たちとは、そんな思いを共有したいと思ったりする」と結んでいます。

ひとつのあさりが、どのようにしてここに来たのかを思うこと。そうすると、あさりの命をいただきます、という実感がこもってくると思います。

僧堂では、あさりはもちろんのこと、お肉もお魚もいただきません。ですから、このような時代でありながら、先だっても修行僧の健康診断をしますと、何人かの修行僧が、ＡＢＣ判定のＣ判定を受けてしまいます。何が悪いのかと思って見ますと、血液の脂質に問題があります。コレステロールなどが正常の値ではありません。しかし多くの人が気になさる高い値ではなくて、低いのです。
お米は作っていませんが、お野菜は普段、畑で作っていただきます。先だって修行道場で木鶏会という勉強会をしていて、ある修行僧が「ジャガ芋のご縁」についての発表をしてくれました。その修行僧は最近、畑の管理を任されていたのです。私も畑で黙々と作業している彼の姿をよく見かけたものでした。彼の発表は次のようです。

「六月半ばに育てたジャガ芋を収穫する機会がありました。ご供養でいただいた種芋から段ボール三箱分のジャガ芋を収穫することができ、なかなかの豊作でした。ジャガ芋の栽培というのは、簡単で手入れする必要があまりないうえに、痩せた土地や過酷な環境でも十分な収穫が見込めます。

この収穫でジャガ芋に興味が湧いた私は、この野菜について調べてみたのです。するといくつかの面白いことがわかりました。一つは、ジャガ芋の原産地が南米のペルーであるということ。ペルーは日本から見てちょうど地球の裏側になります。スペイン人がペルーでこの芋を発見し、ヨーロッパから東南アジアを経由して、はるばる日本に伝えられました。この地球を半周する旅がなければ、我々がジャガ芋を食べていることはなかったでしょう。

もう一つは、ジャガ芋は本来、病気に弱い作物であるということです。アイルランドでは病気のためにジャガ芋が全滅し、百万人以上の人が餓死する「ジャガ芋飢饉」がありました。現在、ジャガ芋が簡単に栽培できるのは、品種改良によって病気に強い丈夫な種芋が手に入るからです。

もし、ジャガ芋がペルーで発見されていなかったら、日本に伝えられていなかったら、品種改良がされていなかったら、どれ一つが欠けても、今日のジャガ芋は存在し得ないのです。

『食事五観文』に「彼の来処をはかる」とあります。「この食事が、どれだけの苦労があってここに来たのかを考える」ということですが、こういう場合、作物を育てたり、料理をする人のことを思いがちです。しかし、それ以外の見えにくいところにあるご縁によって支えられているというのが、ジャガ芋のようにたくさんあるのではないでしょうか。このご縁に我々はもっと感謝しなくてはなりません」

何の苦労もせずに手に入れたジャガ芋では、ここまでの考察はなかったでありましょう。畑を耕し毎日手入れをすればこそ、一つのジャガ芋についてこれだけ深く読み込むことができたのだと思います。

「一粒の米に仏　秋彼岸」という句があります。たった一粒のお米にも、どれだけの手がかかっているか計り知れません。そんな計り知れないものを、毎日毎日いただいて、それがお互いの血となり肉となり生きているのです。

「やれ赤子　なれはいずちの旅をへて　われを父とはうまれきませし」というのは、吉川英治さんの、我が子誕生の際の歌です。「赤ん坊よ、あなたは今までに、どんな旅を経てきたのだろう。長い長い旅を経て、今この私を父と呼んで、生まれてきてくれたのだ」と。人間誕生の神秘について、窺い知ることができます。

ジャガ芋ひとつの歴史にしても計り知れないものがあります。食べ物ひとつにも物語があります。その食べ物をいただいて、食べ物の命をいただいて、食べ物の物語を丸ごといただいて、私たちは生きて生かされています。どれだけのものをいただいているのか、生涯にいただく分量は計り知れないことでしょう。

禅宗では、食事のときにおしゃべりをしないことが原則なのです。それは、食事というのは、それだけのたくさんの命の物語をいただくという、厳粛なことだからだと思います。

多くの命の物語をいただいて生きていることは、決してあたりまえのことではありません。計り知れないほどの物語を持った食べ物を毎日いただいて、さらにそれが栄養となっています。これは決してあたりまえではありません。「あたりまえ」でないとしたら何でしょう。「あたりまえ」の反対語は何でしょう。それは「めったにない」ことであり、「有ることが難しい」こと、すなわち「ありがたい」ということです。「あたりまえ」の世界から、「ありがたい」という世界に目覚めることが大切です。

恩師の松原泰道先生は、「ありがとう、すみません、はい」という、この三つの挨拶に、仏教のすべてが込められていると説かれました。「ありがとう」ということは、多くの命をいただく、その命の物語を丸ごといただく、そういう厳粛なことだと受け止めることです。厳粛さを失ってはなりません。そのことに思いを馳せてこそ「いただきます」という食事の挨拶になっているのでしょう。

「ごちそうさま」とは、「ご馳走さま」と言うように、文字通り食事を作る方が

慈光
円覚
南嶺

あちらこちら走り回って、この食事を用意してくれたということでしょうが、さらにジャガ芋一つを見ても長い旅を経て、ここに来ているのです。文字通り馳せ回ってここに来た、その苦労をねぎらうのでしょう。

松原先生は「すみません」と言う言葉は、単に謝りお詫びすることではないと説かれました。「済みません」と書くように、文字通り、済んでいないのです。何が済んでいないのか。ご恩返しが済んでいないのです。

永六輔さんのお父さんの言葉に、「生きているということは、誰かに借りをつくること。生きてゆくということは、その借りを返してゆくこと、誰かに借りたら誰かに返そう、誰かにそうしてもらったように、誰かにそうしてあげよう」と。

ご恩を返してゆくということは、必ずしもそのご恩を受けた当人に対してでなくとも、周りの誰かに、そのご恩を振り向けてゆくことでもあります。

このような厳然たる事実を、私たちは「はい」と、心に受け止めて生きてゆくのです。いやだとか、あとでやりますとか、愚痴や言い訳をせずに、「はい」と受け止めて生きてゆくしかありません。

お盆です。お盆の行事こそは、このお互いの命がどれだけの長い旅を経て今日まで来たのか、父と母とそのまた父と母、そのまた父と母という、命の物語を思いやって、ご恩をありがとうございます、しかし、そのご恩返しが済みません。「はい」、今日から今から、明るくご恩に報いるように生きていきます。

そういう気持ちで、お盆のお墓参りに行っていただけたらと思います。

長月の章　悲しみをこえて

はや九月になりました。なんやかやと慌ただしく日を送っておりますと、恥ずかしながら、震災のことなど、どこか心の片隅に追いやられてしまっているのが、私などです。いつも反省させられます。

もちろん、いつまでも過去を悔やむのではなく、新たに前を向いて進んでゆくことも必要です。ただしかし、オリンピックや選挙にばかり気を取られて、被災地の復興を忘れてしまってはいけません。

今日は九月十一日ですから、震災の月命日でもあります。あれから、ちょうど五年半が経ちます。

最近、あるアナウンサーの方のお話を聞くことがありました。その方は、アナウンサーの仕事とは、聞くことだと言われていました。普通我々は、アナウンサーの仕事といいますと、しゃべること、話すこと、伝えることだと思います。しかしその方は、聞くことが大事なのだとおっしゃっていました。

どういうことかと言いますと、たとえばアナウンサーは放送で、「震災から五年が経ちました」と伝えます。しかしそれでは、ただ原稿を読んでいるだけでは、伝わらないというのです。

被災地に行って、被災地の方の声を聞くことが大事なのだと言います。その方は、実際に石巻へ行って、そこで三歳の娘さんを亡くされたお母さんと出会い、話を聞いたそうです。我々は何気なしに震災からもう五年が経ったなどと言いますが、そのお母さんは、五年なんてとんでもない、私には五秒しか経っていませんと。

そのお気持ちがお分かりでしょうか。三歳の子を亡くされたのです。もし生きていれば、五年が経ちますと、三歳の子は八歳になって、ランドセルを背負って小学校に通っているはずなのです。しかしいまだに我が子の姿は、震災で亡くなった時の、津波に流されて亡くなった三歳の姿のままです。とても五年経ったなどとは思えない。

アナウンサーというのは、そんな震災から五年も経ったなどとは思えない、五秒しか経っていないという人の話を聞いて、その思いを受け止めて、あふれる思いをこらえつつ、「あの震災から……五年が経ちました」と言わなければならないというのです。

九月になりますと、私はまた一つのことを思い起こします。もうこれも多くの人々の記憶からは薄れていると思いますが、東日本大震災のあった年の秋、九月三日から四日未明にかけて、紀伊半島を豪雨が襲い、山が崩れ、川が氾濫し、町や家は水に浸かり、あるいは流されて、激甚災害に指定されるという大きな災害をこうむりました。

私の生まれ故郷の新宮市でも、多くの方々が亡くなりました。隣町の那智勝浦町では、町長さんが、娘さんの結納の日であったというのに、なんと家ごと奥様とその結納する予定だった娘さんが流されて亡くなりました。町長さんだけが、災害対策のために市役所に出勤中で助かったという話がありました。

紀伊半島は、もともとよく台風の通過するところです。台風は来るものだと受け入れて暮らしています。川が氾濫しないように、長い年月をかけてダムを造り、堤防を築いて、大丈夫なように備えていました。新宮市を流れる熊野川など、もう決壊することはないと信じられていました。それが、その想定をはるかに上回る雨量だったのです。

その頃のことを今でも思い出します。私の町もすっかり水に浸かり、大勢の方が亡くなりました。私の身内で被害はなかったものの、命からがら逃げ延びたという話も聞きました。すぐにお見舞いと思っても、ちょうど震災から半年経って、東北の被災地のお見舞いの予定が組まれていましたので、そちらを済ませてから、まだ自衛隊の車が行き交う中を、変わり果てた故郷を訪ねたことを思い起こします。

その水害から一年経って、一周忌に熊野川のほとりに慰霊碑ができて、お参りにゆきました。市長さんはじめ大勢の方々が熊野川に向かって手を合わせ、延命十句観音経を唱えて、お亡くなりになった御霊《みたま》を供養しました。

その時に初めて、ご主人が殉職されたという、あるご夫人にお目にかかりました。救助活動に携わっていて亡くなったという方の奥様でした。ご主人はまだ六十代で亡くなってしまいました。言葉のかけようもありません。とにかく延命十句観音経を毎日唱えてください。そして少しでも明るく生きてください。毎日生きることが、亡くなった方への一番のご供養です。そうお話したことを覚えています。

水害から二年が経った年の九月三日には、新宮市主催の講演会が開かれました。私が講演者でした。小さな町ですが、それに二年前の豪雨が思い起こされるような雨の日でしたが、市民会館に一杯の千人を超える方々が拙い話を聞いてくださいました。その折りにも、ご主人を亡くされたご夫人は見えてくださっていました。その時の話は、翌年三月刊行の『祈りの延命十句観音経』に全文を収録しました。

水害から三年が経った年には、お盆の前に、そのご夫人に線香や色紙などとともに、『祈りの延命十句観音経』を送ってさしあげました。あれから三年、どうされているか心配でした。小さな山あいの村にお住まいのご夫人です。

そうしましたら、実に丁寧な礼状を頂戴いたしました。手紙を拝読して、私も心打たれました。こういう内容です。

「先日はお心のこもった品々とご本をいただき本当にありがとうございます。主人が旅立って三年、私どもはたくさんの方々に支えられて元気に暮らしています。不思議ですね、感謝の心で仏さまを朝晩拝み、延命十句観音経を唱えるようになったあの日から、毎日よいことばかり続いているように思います。

心の世界の大切さを実感しています。ほんの少しですが、大切な人を亡くされた他人の気持ちが分かる立場となったことで、気づくことが多くなったように思います。テレビで台風や雨の被害で亡くなった方のニュースを見ても、以前のように他人事とは思えず、ご家族の悲しみを思うことが出来るようになりました。

また、今回のことがきっかけで、新しい絆が生まれたり、昔の絆が復活して、お互いに支え合い思い合うつながりの中で、生活の質がより深くより豊かになっていく不思議に驚いています。支えていただいた私どもが他の方の支えになれるように、足元からゆっくり観音さまのこころを広げていけるように暮らしていきたいと願っています。

今年は、主人が作っていた田んぼにひまわりを植え、お米も息子や地元の方々の協力を得て少し作ってみました。毎朝夕、稲穂に声をかけながら穂頭が垂れてくるのを心待ちにしています。……二年前に慰霊塔に参ってくださった時の老師さまの言葉、「残された者のつとめは元気に明るく生きていくこと」。この言葉を支えに生きてきました。いつか主人と会える時があったら、しっかり自分の役目を果たして笑顔で会えるよう毎日暮らしてゆきたいと思っています。本当に温かく深いお心遣いありがとうございました」と。

悲
円覚南嶺

その手紙には、田んぼ一杯に咲く、満開のひまわりの花の写真が添えられていました。ああ、頑張ってくれているのだなと心から思いました。

水害から四年が経った九月には、そのまた水害の日に合わせて、熊野本宮で講演会があって招かれました。その講演会の会場で、そのご夫人にお目にかかりました。非常に明るい表情でありました。講演会場の控え室でしたので長い話もできなかったのですが、ニッコリ微笑んで、おかげで息子も結婚して、間もなく孫ができますと、いかにも嬉しそうに話してくれました。その言葉と、いかにも嬉しそうな表情を拝見して、これで本当に大丈夫だなと思ったことでした。

そして今年、水害から五年が経ちます。今年のお盆にも、新刊の『二度とない人生だから、今日一日は笑顔でいよう』の本を線香などと一緒に送りました。

その返事の手紙を拝読して、私は言葉を失いました。初めは感謝の言葉が綴られています。「いつも温かいお手紙とご本をありがとうございます」と。ここまではいいのです。その後です。

この八月の月初めに、まだ新婚の息子さんが頭痛がひどいと訴えて、病院で診てもらったところ、脳内の動脈瘤が原因だと分かった、と。そのうえクモ膜下出血を起こし、九時間にも及ぶ大手術をしたところだというのです。

何ということでありましょうか、まだ子供も生まれたばかりなのです。大事なご主人を殉職で亡くされるという悲しみにあい、そしてようやく立ち直って、孫の顔が見られるという矢先に、何という辛いことでありましょうか。

しかし、さらに手紙を拝見して驚きましたのは、そのあとに感謝の言葉が綴られていたことです。次のように書かれています。

「そんな中で私の支えとなったのは、老師さまの『いろはにほへと』(円覚寺居士林編、円覚寺)の三冊でした。これらの本を読ませていただくことで、どんなにか心が落ちつき、また現状を受け入れることができました。亡くなった主人の友人や、多くの方々から励ましをいただきました。明るい声で励ましを受けて、大きな力となりました。

幸いに手術も無事成功して、あとは頭の骨を元に戻す手術を残すところです。後遺症もなく、ようやくトイレにも歩いて行けるようになった時に、円覚寺さまから本が届いて、私は思わず声をあげて叫びました。本当に今回のプレゼントはありがたかったです。

嫁が生後十ヶ月の孫を抱いて毎日、見舞いに来てくれています。嫁の母も嫁の妹も応援してくれています。主人が亡くなった時には息子と二人になってしまいましたが、今は六人家族になりました。本当にありがたいです。息子の職場の方も毎日訪ねてきてくれます。息子もたくさんの方々に支えられて暮らしているのだと、改めて思い知らされる善い機会になりました。近所の方も毎日のように地元の野菜を届けてくれています」と。

幼い子を抱えた我が子が、大変な病になり、手術が成功したとはいえ、まだ頭の骨も戻していないという中で、手紙にはただただ感謝の言葉が綴られているのです。

それに続けてこう書かれています。「不思議です。五年前に主人を亡くした時もそうでしたが、大変なことが起こった時に、それにもまして幸せの波が押し寄せてくるということが確信となりました。本当に本当にありがとうございました」と。そのあとには、「ありがとう」という言葉が何度も何度も繰り返されています。なんということでありましょうか。

黒住宗忠の歌に、「何事もありがたいにて世にすめば　むかう物事みなありがたいなり」とあります。ありがたいという心でいれば、何が起こってもありがたいというのですが、言うは易く行うは至難です。

作家の三浦綾子先生の言葉に、「九つまで満ち足りていて、十のうち一つだけしか不満がない時でさえ、人間はまずその不満を真っ先に口から出し、文句を言いつづけるものなのだ。自分を顧みてつくづくそう思う。なぜ私たちは、不満を後まわしにして、感謝すべきことを先に言わないのだろう」とあります。

このご夫人は、息子さんが幼い子を抱えて大手術するという中にありながら、その辛いことだけを見るのではなくて、むしろそれよりも、感謝すべきことに目をむけておられます。

私たちもお互いに、少々うまくゆかなくなると、そのことばかりに目がいってしまい、不平不満ばかりを募らせてしまいます。そうではなく、少しでも感謝することに目を向けてはいかがでしょうか。ありがたい、ありがたいという心になってこそ、明るい方へ進んでゆくはずです。

そういう心になれるのも、それこそ、毎日、延命十句観音経をお唱えするご利益でもあるのではないかと思うのです。

神無月の章　混沌の世に

「鳥は飛ばねばならぬ　人は生きねばならぬ　怒涛の海を　飛びゆく鳥のように
混沌の世を生きねばならぬ　鳥は本能的に　暗黒を突破すれば　光明の島に着く
ことを知っている　そのように人も一寸先は闇ではなく　光であることを知らね
ばならぬ　新しい年を迎えた日の朝　わたしに与えられた命題　鳥は飛ばねばな
らぬ　人は生きねばならぬ」

坂村真民先生の「鳥は飛ばねばならぬ」という詩です（『全詩集』第三巻）。なんど拝読しても、素晴らしい感動をいただくことができます。この詩の中に、「混沌の世を生きねばならぬ」とありますが、混沌の世とは、どういう意味でしょうか。

混沌という字を『広辞苑』で調べて見ますと、あまり良い意味ではありません。まず「天地開闢の初め、天地のまだ分かれなかった状態」という説明があります。その後に「物事の区別・なりゆきのはっきりしないさま」とあります。用例としては「事態は混沌として予断を許さない」とあります。そういえば「混沌たる政局」とか言いますね。先行きの見えない不安定な状況だとわかります。

さて、この混沌のもとの意味はというと、遠く中国の古典『荘子』にさかのぼります。『荘子』にこういう話があります。

南海の帝王を儵《しゅく》といい、北海の帝王を忽《こつ》といい、中央の帝王を渾沌といいました。儵と忽とが、ある時、渾沌の地で出会いました。渾沌は二人の王を大変手厚くもてなしました。そこで儵と忽は渾沌の恩義に報いようと相談して言いました。「人は皆、七つの穴（目二つ、鼻二つ、耳二つ、口一つ）が備わっていて、これらをもって、見たり、聞いたり、食べたり、呼吸をしている。しかし、渾沌には七つの穴がない。かわいそうだから穴を開けてあげようではないか」と。

そこで、一日に一つずつ穴を開けてゆきました。すると、七日たってようやくすべての穴が開いたと思ったら、なんと渾沌は死んでしまったという話です。

なんとも奇妙な話ですが、これは何を表しているのでしょうか。

この「渾沌」の話を、鈴木大拙先生が引用されています。そこでは、渾沌は決して悪い意味で用いられていません。人間のさかしらさが、自然の純粋さを破壊してしまうことを戒めています。「渾沌」で表そうとしているのは、目とか鼻とかいう個別の感覚を司る身体の一部ではなくて、身体という全存在で受け入れるはたらきだと言われます。

難しい表現ですが、この全身で全体で受け入れるはたらきを、大拙先生は「心」と言ったり、「腹」と言ったりしています。

さらに大拙先生は、こんな興味深い話を紹介しています。アフリカの原住民に、アメリカの人が、自分らは頭で考えているというと、その住民たちは驚いて、それは気が狂っている、自分たちは腹で考えると答えたというのです。このように、頭で考えるのではなく、腹で考えるというのが、『荘子』の渾沌だと言われています。

この話から、腹というのは東洋の思想からきているかと思っていましたが、別段東洋に限ったものではないと分かります。大自然と共に暮らしている人々には、この腹ということが分かるのでしょう。

岡田虎二郎という方がいらっしゃいます。この方は大正時代に静座法を弘められて一世を風靡された方です。私がいつも腰骨を立てましょうと森信三先生の言葉を用いますのは、もとは岡田虎二郎先生です。森信三先生が少年時代に、岡田虎二郎先生のお姿に触れて、腰骨を立てることの大事を思い知ったと言われています。

この岡田虎二郎先生が、人間を「頭の人」、「胸の人」、「腹の人」という分け方をしています。

まず、「頭の人」とは、論理力や分析力に優れた、いわゆる頭のいい人です。しかし、人生は極めて多層的に構成されているため、すべてのことが頭のよさだけでは解決しないのが現実である、と述べています。

「胸の人」とは、一般的にいう感情によって行動する人、意志の強い努力家などがそうです。一生懸命に頑張っているうちはいいものの、何か挫折するようなことが生じると、たちまち崩れてしまう危険もあります。

それに対して「腹の人」は、知識や感情に左右されるのではなくて、どんと腹が据わったと言いますか、人生を大きな命とつながっていると感じて、小さなことにこだわらずに、大らかに生きる人のことだと言われます。

「腹」は、命そのものを開かせ、大きくはたらかせる基点となるものです。命のエネルギーの宿る場所が「腹」、とりわけ下腹部の丹田なのです。

昔から日本人は、頭がよいとか、みめうるわしいと賞賛されるよりも、「腹ができている」と言われる方がずっと名誉なことで、「腹の人」を第一等の人物としてきました。

腹は、身体のなかでも特異な能力を有する部分です。誰でも、肩の力を抜いて下腹に意識を集中してみると、それだけで、身体全体が一つにまとまるのを感じることできます。腹が据わっている感覚を実感できると、いつでも「今、ここ」にあることに集中できるのです。

腹は、丹田とも言います。気海丹田とも言います。気力の湧いてくる源泉です。丹田に重心を置くと、イライラや、モヤモヤした気持ち、ビクビクとした心持ちが、下腹に収まって消えていくのを感じることができます。

大拙先生は、日本人がこの腹の感覚を忘れてしまって、頭が中心になっていることに、こう警鐘を鳴らされています（『鈴木大拙全集』第二十巻）。

「西洋人は物の分かれてゆくところから見るに敏捷で、今日の文明・文化はそこから出発し、発展したもので、世界はそれで風靡されているが、それだけでは自滅の域に突進するよりほかない。西洋人は腹を忘れ、物の未分性に徹底せず、渾沌を殺すことにのみ汲々として、渾沌をそのままにして、しかも十分のはたらきを怠りがちにする。東洋文化の根底には、天地未分以前、論理や哲学のできぬ先の一物があって、そうしてそれを意識してきたということを忘れてはならぬ。これが今日の世界を救う大福音である。今の日本人は、若い者もかなりの年の人々さえも忘れている。実は日本人や東洋だけの話ではないのだ」（大意）と。

最近、神渡良平先生という方にご縁をいただきました。そして辻光文先生という方のお話をうかがいました（神渡良平『共に生きる――地涌の菩薩・辻光文さんが語りかけているもの』）。

辻先生は、シンナーや窃盗、売春などをした児童を、小舎夫婦制という家庭的な生活の中で生活指導し、自立を援助する児童自立支援施設、大阪市立阿武山《あぶやま》学園で、長年、教護をしていました。

先生は昭和五年（一九三〇）、東京で生まれ、秋田県の山の中の禅寺で育ちました。長じて京都の臨済学院専門学校（後の花園大学）に進みました。辻さんは卒業しても寺院に所属せず、在家仏教徒として生きようと思いました。

幾多の苦労を重ねますが、やがて大阪の教育支援施設を訪ねたことが機縁となって、そこで住み込みで働くことになりました。その後、大阪市立阿武山学園という小舎夫婦制の施設で、道を踏み外した児童たちと生活を共にしながら、自立を手助けするようになりました。

あるとき辻先生の許に、母に捨てられた女の子が送られてきました。スーパーにいっしょに買い物に行っていたとき、置き去りにされ、捨てられたのでした。近所の人に連れられて家に帰ってみると、家はもぬけの殻になっていました。

施設に廻されてきたものの、その子——仮りにS子と呼びます——は、暴れるばかり。嘘をついて表面的にごまかし、辻先生にも悪態をついて、トラブルばかりでした。さしもの辻先生もてあまし、この子さえいなければとため息をつくこともあったといいます。

ところが、S子が悪性腫瘍にかかり、緊急手術することになりました。医者は暗い顔で、とても助からないかもしれないと言っています。それを聞いて先生は、S子は二度とこの美しい山河を見ることはできないかもしれないと思うと、S子のためならどんなことでもしてあげたいと思いました。ただただ助かってほしいと祈りました。

S子の入院生活は一ヶ月続きました。奇跡的に回復し退院することができたのです。退院してからのS子は、見違えるように変わり、嘘をつくこともなくなりました。幼い子供たちの世話も積極的にするようになり、学園を卒業して立派な社会人になりました。S子を通して、辻先生は本当に教えられたそうです。

「私に児童の心に届く教護のあり方を教えてくれたのはS子でした。いろいろ指導し、面倒を見ているようでしたが、心の底からいとおしいとまでは思っていなかったのです。S子が死に直面して、初めて私の愛情の浅さに気づかされました。その気づきとともに、S子は見違えるほど変わっていったのです。

私はやっと分かりました。私は心の中でS子を問題児だと思っていました。それが彼女を萎縮させ、荒れさせていたのです。問題は彼女にあったのではなく、私自身の中にあったのだと深く気づかされました」。

「私はS子のいのちを見ていなかったのです」と。S子は、人間は誰でも、み仏のあふれる慈悲に包まれていることを、辻先生に気づかせてくれたのです。

こうして辻先生の世界観、人間観はいっそう深くなっていきました。すると、いい結果が生まれて、問題児は辻先生のところに送れば、よくなると言われるようになりました。この手応えに、ようやく「私の天職はこれだ」と思うようになったと言います。

かつて大学時代に読んだ仏典が説いていた「宇宙は本来一つ」ということは、自分と自分以外のものは切り離せない、本来的に一つのものなのだ、と理解するようになっていきました。

「いのちはつながりだ」と、辻先生は言いました。「生きているだけではいけませんか」という詩です。

「それはすべてのもののきれめのない、つなぎめのない東洋の『空』の世界でした。

障害者も、健常者も、子供も、老人も、病む人も、あなたも、わたしも、区別はできても、切り離しては存在し得ない命、命そのものです。

それは虫も動物も山も川も海も雨も風も空も太陽も、宇宙の塵の果てまでつながる命なのです。

劫初よりこのかた、重々無尽に織りなす命の流れとして、その中に、今、私がいるのです。すべては生きている。というより、生かされて、今ここにいる命です。その私からの出発です。

すべては皆、生かされている、その命の自覚の中に、宇宙続きの、唯一、人間の感動があり、愛が感じられるのです。本当はみんな愛の中にあるのです」

このひとつながりの命を実感するのは、腹です。体全体です。真民先生に「みめいこんとん」という詩があります（『全詩集』第二巻）。

「わたしがいちにちのうちで　いちばんすきなのは　みめいこんとんの　ひとと

空
円覚南嶺

きである　わたしはそのこんとんのなかに　みをなげこみ　てんちとひとつになって　あくまのこえをきき　かみのこえをきき　あしゅらのこえをきき　しょぶつしょぼさつのこえをきき　じっとすわっている　てんがさけび　ちがうなるのも　このときである　めいかいとゆうかいとの　くべつもなく　おとことおんなとの　ちがいもなく　にんげんとどうぶつとの　さべつもない　すべてはこんとんのなかに　とけあい　かなしみもなく　くるしみもなく　いのちにみち　いのちにあふれている　ああわたしが　いちにちのうちで　いちばんいきがいをかんずるのは　このみめいこんとんの　ひとときである」

目で見える姿や、耳で聞こえる情報にばかり振り回されてはいけません。物を分けて考えてばかりでもいけません。善と悪、是と非、分けて考えることからは争いがつきまといます。

目で見るもの、耳で聞こえるものばかりに心を振り回されずに、時には静かに坐って腹に心をおさめて、ゆったりと呼吸をして、なんの差別もない、区別もないひとつながりの命の世界を感じ取って、混沌の世界を大事にしたいものです。
それこそ混沌の世を生きる大きな力だと思います。

霜月の章　曲がった道をまっすぐに

今年は、臨済禅師がお亡くなりになって千百五十年、白隠禅師がお亡くなりになって二百五十年という記念の年にあたり、さまざまな催しものが行われています。

十月の終わりの二十九日と三十日にかけて、お隣の建長寺さんと円覚寺とで、大坐禅会が行われました。二十九日、臨済宗の和尚さん方が三百人集まって大法要が行われ、そこで私も臨済禅師の言葉をもとにお話をさせていただきました。それから午後に、建長寺、円覚寺で坐禅会が行われ、さらに翌三十日の午前と午後と坐禅会を行いまして、総勢千三百人ほどの文字通りの大坐禅会となりました。

また、東京の国立博物館では臨済宗の特別展が行われています。国宝・重要文化財がたくさん出ています。臨済宗としてこれほどの展覧会はもうないほどのものなのですが、観覧客の入りはどうかと、主催の日本経済新聞さんはハラハラドキドキのようです。どうも臨済宗というのは、これという目玉と言いますか、メインになるものがないというのです。

たとえば、真言宗といえば空海さんです。比叡山といえば最澄さん、浄土宗では法然上人、親鸞聖人といらっしゃいますが、臨済宗はというと、一般には教科書に栄西禅師が出ていますが、曹洞宗の道元禅師ほどの知名度はないようです。また臨済宗は鎌倉時代にいろいろと伝わりますが、その中の最初の一人であったので栄西禅師の名をあげますが、その栄西禅師の教えが今日に伝わっているというわけではありません。

鎌倉時代に二十四の流派の臨済宗が伝わりました。それがいまは十四の派に分かれています。それに黄檗宗が加わりますから、十五の本山があります。それで臨済宗と黄檗宗と合わせて「臨黄」と呼んでいます。このように複雑な歴史的な事情も、分かりにくさの一因かと思います。

臨済宗で知名度で一番と言えば、一休さんか沢庵さんでしょうか。沢庵さんは名前はよく知られていますね。今ではお弁当の中にも入っているくらいです。しかしそれは漬け物の名前で知られているだけで、沢庵禅師が知られているわけではありません。

一休さんというと、あのかわいい小僧さんの姿を思い浮かべると思いますが、東博にも一休さんの肖像画が出ています。あれをご覧いただくと分かるように、かわいい小僧さんの姿など微塵もありません。ふてぶてしい老人です。

また一休さんのとんち問答がいくつも伝えられています。「この橋、渡るべからず」と言われて一休さんは、それではと真ん中を歩いていった、などという話は痛快です。しかし、必ずしも臨済宗の教えと関わりがあるとは言いがたいところです。

われわれ臨済宗では公案という禅の問題を考える坐禅をいたします。そして禅の老師と修行僧は絶えず禅問答を繰り返して修行するというのが特徴です。もちろんその問答は、決して単なるとんちではありません。

しかしながら、一休さんのとんちにも、よく見ると深い教えもあります。

ある日、一休さんは、一本の松の鉢植えを信者さんからいただきました。その松は、誰もがびっくりするほど曲がりくねっています。盆栽ですから、すんなりと真っ直ぐに伸びたものより、手の込んだものがいいのでしょう。信者さんもよほど丹精して作り上げた枝振りだったのだと思います。くねくねに、グニャグニャに曲がっています。

一休さんは、その松の鉢植えをもらって、修行僧たちに問題を出しました。「この松をまっすぐに見よ。まっすぐに見えた者がいたら出て来い」というのです。

さあ修行僧たちは考えました。みな一生懸命に、その曲がりくねった松がまっすぐに見えないか思案しています。どこから見たら良いのか、どの角度から見たら良いのか、しゃがんだり逆さに見たりしました。なかには、これは心の問題だ、自分の心をまっすぐに調えれば、この曲がった松の枝も真っ直ぐに見えるのではないかと、松の盆栽を前に坐禅をする者もいました。しかし、大勢の修行僧たちの誰一人として、それをまっすぐに見ることはできませんでした。

夕刻になって、修行僧たちが盆栽を取り囲んでいるので、門の外から旅人がふと中をのぞき込みました。人だかりが出来ていると気になるものです。

彼はその鉢植えを見て、「この松は、ほんとうによくくねくね曲がっているなあ」とつぶやきました。その声が、奥の部屋で誰かまっすぐに見える者がいないかと待っていた一休さんの耳に入りました。一休さんは部屋から飛び出してきて、「だれだ、今よく曲がった松だと言ったのは」と言うと、その旅人が「私です」と答えます。一休さんは「それでいい、あなただけがこの松をまっすぐに見た」と言って、大きな声で笑ったということです。

これは深い真理が込められています。面白いですよね。多くの修行僧たちは、みんな曲がりくねった松をなんとかまっすぐなものとして見ようとしたのに、旅人だけは、ぐにゃぐにゃに曲がった松を、素直に「そのままに」「ありのままに」見たのです。つまり「まっすぐに」見たのです。「この松は、ほんとうによく曲がっているなあ」で、終わらせてしまったのです。

実際に使われている禅の問答の中にも、こういう問題があります。「四十九曲がりの細山道を真っ直ぐに通れ」というものです。まるで日光のいろは坂のような曲がりくねった道を、まっすぐに通れというのです。これは、いまの一休さんの問答からもお察しのように、くねくね曲がって通るしかありません。

こんな禅の問答に、私は中学生の頃から取り組んで来ました。初めて禅の問題をいただいた時に、老師はこう言われました。「いいか、この問題を頭で考えてはだめだぞ、足の裏で考えてこい」と。また「腹で練ってこい」とも教えてくださいました。

さて、足の裏でどう考えるのか、部屋に戻ってじっと足の裏を見続けたことでした。足の裏よ、何とか教えてくれと言いましても、足の裏は何も答えてはくれません。また、腹で練れとは、どういうことか全く分からずにおりました。

詩人の坂村真民先生は、足の裏を大切にされた方でもありました。「尊いのは足の裏である」という詩があります（『全詩集』第二巻）。

「尊いのは　頭でなく　手でなく　足の裏である　一生人に知られず　一生きたない処と接し　黙々として　その努めを果たしてゆく　足の裏が教えるもの　しんみんよ　足の裏的な仕事をし　足の裏的な人間になれ　　頭から　光が出るまだまだだめ　額から　光が出る　まだまだいかん　足の裏から　光が出る　そのような方こそ　本当に偉い人である」

真民先生は実際、足の裏をきれいにし、足の裏をよく揉んでいたそうです。先生は九十七歳の長寿を全うされましたが、足の裏を大事にされたことも関係がありそうです。足の裏にはさまざまなツボが集まっているといいます。

「腹」については、先月の日曜説教でも少し触れましたが、腹を「丹田」とも「気海丹田」とも言います。丹田は、『広辞苑』には「下腹部の、臍《へそ》の下にあたるところ。ここに力を入れると健康と勇気を得るといわれる」。「臍下《せいか》丹田」と用例があります。「気海」は、文字通り気の海です。気が湧いて出てくるところ、元

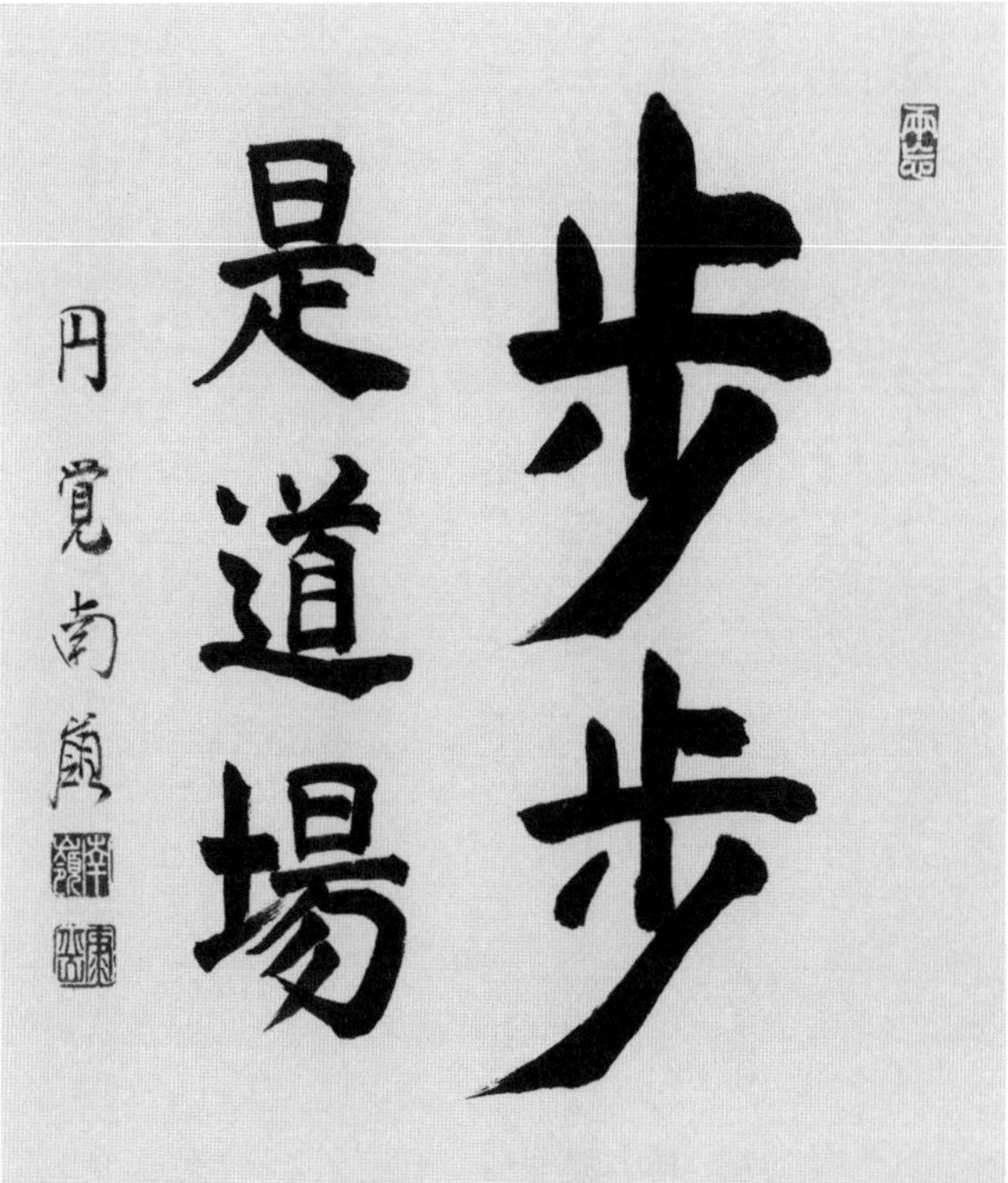
歩歩是道場
円覚南嶺

気を養う源泉です。

真民先生には「気海丹田」という詩もあります（『全詩集』第七巻）。

「気海丹田　もうこれしか　ないです　この四文字を　しっかと　臍下に　おさめて　前向きに　生きることです　空のように　海のように　広々とした世界に　わが身を　置くことです　夜明けの霊気を　ここにたくわえ　心を磨くのです」


さて、この足の裏、丹田、これを大事にせよと説かれたのが、臨済宗中興の祖といわれる白隠禅師です。白隠禅師は、江戸時代末期頃に活躍されました。十五歳で出家してから三十三歳にいたるまでの間、日本全国の名僧を訪ねて禅の修行を続けられました。その二十五、二十六歳の頃に、あまりにも過酷な修行を続けたために、体を壊してしまいました。

その様子は、心火逆上してしまい、肺を痛めてしまった。息が苦しくなったのでしょう。両足は氷にひたしたように冷たくなり、いつも耳鳴りがする、何をしてもおどおどとして落ち着きがない、疲れやすく、寝ても覚めても幻覚を見る、というような症状にまでなってしまいました。さらに両脇にいつも汗をかき、目は常に涙ぐんでいるというのですから、身心が疲れ切ってしまったようです。

そこで、京都の白川山中に白幽仙人という方がいるという噂を聞いて、訪ねてゆきました。その白幽仙人というのは、年齢は百八十歳とも二百四十歳とも言われていた。その仙人に聞けばいいと教わったのです。

この夏に白幽仙人がいたというところを訪ねてきました。また白幽仙人が埋葬されたお寺もお参りしました。過去帳も拝見しましたので、実在の人物だろうと思いました。

ところがその過去帳には、宝永六年、山から落ちて死ぬ、六十二歳と書かれていました。山から落ちるようでは仙人と言いがたい気もします。しかも白隠禅師が仙人を訪ねたのが宝永七年ですから、その前の年に亡くなっていることになります。いくつか不可解な点はありますが、ともあれ白幽仙人から「内観の秘法」

というのを教わって、それを実践して白隠禅師は、健康を回復されました。「健康」という言葉を初めて使ったのは、白隠禅師だそうです。

白隠禅師は健康法の大家でもありますが、その内観の法というのは、気海丹田から腰、足、そして足の裏までを、心で強く意識するものです。

白隠禅師がおっしゃるには、健康で長生きするためには、体が丈夫でなければならない。体を丈夫にするには、心を気海丹田に集めることだと言われます。心、すなわち意識を集中すると、そこに気が集まります。気が集まると、丹田が充実します。丹田が充実すれば、体が健康になる。体が健康になると、心が健康になる。心が健康になると、長生きするという教えです。

白隠禅師の内観の法は、現代にも通じるものです。まず、身心ともに疲れていると思ったら、白隠禅師はいま取り組んでいる問題を一度手放しなさいと教えられます。一度「まあいいか」と手放して、まずは眠りなさい。そこで横になって、両足に力を入れて、呼吸しなさいと教えられました。腰から両足、そして足の裏までに、うーんと力を入れながら、息を吐きなさいというのです。これは立っていてもできます。自分の中心が気海丹田から足腰、足の裏にあると、心で意識してゆっくり息を吐き出すのです。

そこで、観法ですから、心の中で、この気海丹田から足腰、足の裏こそが本当の自分だ、これこそ浄土だ、ここにこそ阿弥陀さまがいらっしゃると、心で強く思うのです。横になっている場合は、足で壁を押すような気持ちで、力をこめて行います。すると、意識の集まったところに気が自然と集まるのです、充実するのです。

さらに白隠禅師は足の裏で呼吸するということを説かれました。これも意識するのです。立ったままで、足の裏からズーッと息を吸い込んで、丹田に貯めて足の裏へズーッと吐き出してゆきます。足の裏を意識するだけで、頭に昇っている気が下に下がるのです。

中学生の頃に、公案を足の裏で工夫すると教えられたのは、頭で考えるのではなく、頭にばかり昇った気を下に下げることだったと分かりました。

気というもの、気力というのは大事な力です。しかし現代人は、あまりにも目で見えるものに振り回されているのです。耳で聞こえる音や声に振り回され、臭いや味に振り回されてばかりいては、気が枯渇してしまいます。元気を養うには、目で見ること、耳で聞くことを少し休めて、気海丹田、足の裏に意識を集中してみるといいでしょう。


そして最後に白隠禅師が説かれたのは、いつもお唱えします「四弘誓願」です。どんなに健康になっても、この願いに生きることが大切だと教えられました。

人々の悩み苦しみがなくなりますように。私自身のわがままな思いや欲望を少しでも減らせますように。学ぶことは無限にあります、常に学び続けられますように。そして、みんなが幸せでありますように。そう願うことこそ、真に生きる道だと教えられました。

四十九曲がりどころか、お互いの人生は曲がりくねった道でありましょう。そこはくねくね通るしかありません。険しい坂道もあります。それを超えてゆくには、健康な体と心、それを養うのは丹田であり、足の裏をしっかりと意識して一歩一歩、歩むことこそが大事です。

歩むのは足であり、足の裏です。頭は歩いていません。頂上ばかり見ていると息が切れてしまいます。どう昇ろうか考えてばかりいても、前に進みません。一歩を前へ、一歩を前へ、足の裏が地面についているのをしっかり感じて歩んでいれば、曲がり道も自然とまっすぐに行けるものです。

師走の章　まごころこめて尽くすこそ

早いもので、はや十二月です。今年も最後の日曜説教になりました。先だってある方から、よくも毎月、新しい話が出ますね、何か秘訣がありますかと聞かれました。秘訣なんて便利なものがあれば、こちらが教わりたいくらいです。

お聞きくださる皆さまも大変だと私は思っています。私も時折、人さまのお話を拝聴する機会がありますが、じっと聞くのもなかなかの苦労です。とはいえ、話す方もなかなか大変でして、もし本当かとお思いでしたら、一度この演壇に来て話されてはいかがかと思います。

話す上で何の秘訣もありませんが、ただ一つ心がけていることは、その時の自分のすべてを、かたむけ尽くして話すことだと思っています。これはいい話だけれども、ここで全部話してしまうとあとが困るから、これは来月に残しておこうなどとは決して思わないことです。全部をかたむけ尽くして話します。もう何も残るものはないんだという思いでお話します。

そうしますと、不思議とまた次に湧いてくるのです。出し惜しみをしたら、きっとそこで終わってしまうと思います。井戸水と同じで、全部くみ出せば、またそこから清水が湧いてくるということ、それだけを心がけています。捨ててこそ、得られるというものでありましょう。

この一年の最後の月に、こうして皆さんとお目にかかれたということは、最初に手を合わせて感謝しましたように、実にありがたいことです。とりわけ、今日という日に、めぐり逢えたことがありがたいなと思っています。

今日は何の日でありましょうか、ご存知の方はいらっしゃいますか。決して私の誕生日ではありません。坂村真民先生のご命日なのであります。しかも、お亡くなりになって、今日でちょうど十年なのです。

今年は、ありがたいことに、坂村真民先生の本を出させていただきました（『二度とない人生だから、今日一日は笑顔でいよう』）。これは、「卯月」の章でも触れましたが、こちらから出したいと言ったわけではありません。先方から真民先生の本を出したいという依頼でした。こうして毎月のように真民先生の詩を引用して話していることが、どこからか知られたのでしょう。

ご縁の不思議、めぐりあいの不思議とはいつも言ってますが、もとをたどりますと、まだ私が高校生の時、たまたま書店で、坂村真民『生きてゆく力がなくなるとき』という本を手にしたのが、ご縁の始まりでした。

「生きてゆく力がなくなるとき」とは、これはどういう本なのかと、買って読みました。大変に感銘を受けました。そしてお礼の気持ちをこめて、先生にお手紙を差し上げたのでした。

すると先生は、それから毎月、詩誌『詩国』を送ってくださいました。この『詩国』は大学を卒業するまで、およそ五年あまり送っていただきました。

修行を終えてから、何か先生の詩を学んだご恩返しはできないものかと思い、円覚寺黄梅院の掲示板に、毎月、先生の詩を書いてきました。もう十七、八年になりますか。それからさらに、法話の折りに先生の詩の話をしていました。
それが機縁となってやがて一冊の本となったのです。実にご縁の不思議を思います。

さらに、この没後十年という年に、先生の主著といってもいい『自選坂村真民詩集』が、新装版となって刊行されることになりました。

真民先生ははじめ、毎年一冊、自費出版で詩集を出されていました。毎回三百部という小さな詩集でした。それを十年続けられて、森信三先生、そして大東出版社の岩野真雄さんのお力添えがあって、昭和四十二年に自選詩集が出版されたのです。

ところが近年、この詩集が入手しにくくなっていました。昨今の出版社の事情はきわめて厳しく、とうとうこの自選詩集は絶版になるという話を聞いていました。ただこの詩集は、累計十一万部という数が出ているのです。これからも求める人は多いと思いますと、何とも悲しい話でした。

ところが、「捨てる神あれば拾う神あり」の譬えの通り、私もご縁をいただいている出版社の社長がその話を聞いて、自分のところから出しましょうと言ってくださったのです。

そして、その新装版『自選坂村真民詩集』に前書きを書いてほしいという依頼をいただきました。自選詩集には、すでに森信三先生の序文がついています。この序文が素晴らしいのです。

森信三先生の高弟の寺田一清先生によれば、森先生の三大序文の一つだそうです。ちなみに、あとの二つの序文は、山頭火の句集『草木塔』の序文と、福岡正信先生『わら一本の革命』の序文とのことです。

そんな素晴らしい森信三先生の序文がありますので、私の前書きなど不要なのですが、新装版なのでぜひにと請われました。前書きにぜひとも記したい森信三先生の言葉がありました。それは『自選坂村真民詩集』を初めて手にされて、森先生が真民先生に送った電報の言葉です。

「ホンツイタコレデ　ニホンガ　スクワレル　モリ」

森先生は『自選坂村真民詩集』を手にされて、これで日本が救われる、と言われたのです。また森先生は、序文でこう語られています。

「坂村真民氏はわが国現存の詩人の中では、わたくしが一ばん尊敬している詩人である。このことをわたくしは幾たびか口にし、また筆にもして来たのである。だが氏の詩業の真価が、真に国民一般に知られてその有となるのは、おそらくは氏が一片の骨となり、さらには一握の灰となってからであろうとは、氏に対するわたくしのかねてからの認識であり評価である」と。

しかし、「亡くなってから評価されるであろう」という立言は、嬉しい誤算でありました。真民先生の詩は、その生前から多くの方々に読まれ続けてきたのです。新装版『自選坂村真民詩集』（致知出版社）は、この十二月の佳き日に発売されます。

佳き日といえば、先月は珍しく三つの結婚式に出ました。その中の一つは、キリスト教の教会で行われた結婚式でした。

寺に長く下宿して坐禅していた青年が、海外から久しぶりに戻ってきて挨拶に来てくれました。話を聞いていますと、今度、結婚することになったといいます。それはよかった、おめでとうと、お祝いを言いますと、それが実は困っているのです、と言うのです。結婚するというのに、いったいに何が困るのかと聞きますと、実は彼女がクリスチャンなのですと言います。

「いいじゃないの、キリストの教えも素晴らしい」と伝えますと、そういうことではなくて、結婚式を挙げるのに、自分としては円覚寺でお世話になったので、ぜひとも寺で挙行したい。しかし彼女は、どうしても教会で挙式するというのです。どうしたらいいでしょうかという相談でした。

私は彼に聴きました。「ああそう、で、あなたは彼女のことを好きなの」、「ハイ」。「結婚したいの」、「ハイ、そうです」。では、彼女の望むように教会で挙げなさいと伝えました。

その時に不用意にも、私もその時には教会に行ってあげるよと言ったのでした。これが後に大変なことになってしまいます。

さらに、青年はまだ困っているといいます。何が困っているのかと聞きますと、結婚したら、彼女は日曜日には一緒に教会に行きたいと言い、彼は日曜日は寺で坐禅したいのだというのです。

はてさて、小さな宗教対立ではあります。はたから聞いていますと他愛もないことですが、本人は真剣です。また私は聴きました、「あなたは彼女のことが好きなの」、「ハイ」。「結婚したいの」、「ハイ、そうです」。では、日曜日には教会に行きなさい、そしてお祈りしなさいと伝えました。

なにも節操のないことを勧めるわけではありません。さらに彼に伝えました。ただし、教会でお祈りするときには、腰骨を立てなさい、しっかりと腰骨を立てて、呼吸をゆったりとしていれば、教会でお祈りしても、坐禅ですよと伝えたのでした。

若い二人なりに、いろいろ悩みながら、譲り合いながら、生きてゆくのでしょう。たぶん、そうして黙って教会に通っていれば、そのうちに彼女も、彼の行っている坐禅に興味をもってくれるのではないか。そのように思っているところです。

そんなことがありましたのが、去年の秋でした。こちらはもうだんだんと忘れかけていた頃に、また彼がやって来ました。一枚の白い封筒を持っています。結婚式の招待状でありました。

そうだ、私も教会に行こうと不用意にも言ってしまったことを思い出したのでした。しまったと後悔しても、すでに遅しです。武士に二言はありません。極力、笑顔を作って、出席しましょうと、その場で出席の返事を書いて差し上げたのでした。

慈
円覚南嶺

そんなわけで、先月、教会の結婚式に参列しました。なにせ、この僧衣の格好しかありませんので、まわりは皆キリスト教の方々ですから、おそるおそる入ってゆきましたが、温かくお迎えいただいて、ホッとしました。とりわけ牧師さまが素晴らしい方で、やさしい雰囲気の方で安心しました。

教会の結婚式もいいものです。賛美歌も歌いました。聖書の朗読も拝聴しました。牧師さまのお説教もありました。何がいいかと言いますと、お経と違って、どれもよく意味が分かるのです。先日、寺で成道会《じょうどうえ》の法要を勤めましたが、よく意味が分からないようなお経をあげているのとは、ずいぶん違います。よく分かり、しかも温かい雰囲気です。

新郎の主賓ということで、隅のほうにいるわけにもいかず、一番上席に座らされました。お祝いの言葉は主賓なので最初に述べましたが、よく新聞などでアウェーという言葉を見ますが、なるほどアウェーというのは、こういうことを言うのだろうと実感しました。

のどかに式を終えて帰ってきました。そのうち彼女も寺に行ってみようというようになるよ、と言っていましたら、なんと今日はお二人でお見えくださっているようです。ありがたいかぎりです。

宗教の対立といいますが、これが大きくなると、時として信仰の違いが、争いになったり、果ては戦争にまで発展してしまいます。

坂村真民先生に「喜び」という詩があります（『全詩集』第七巻）。

「信仰が　争いの種となる　そんな信仰なら　捨てた方がいい　大宇宙　大和楽
任せて生きる　喜びよ」

また「信念と信仰」という詩もあります（『全詩集』第七巻）。

「いろんな木があり　いろんな草があり　それぞれの花を咲かせる　それが宇宙
である　だから人間も　各自それぞれ　自分の花を　咲かせねばならぬ　それが
信念であり　信仰である　統一しようとすること勿れ　強制しようとすること勿

れ」

「空気のように」という詩の一節（『全詩集』第四巻）、

「空気のようになる！　そうですね　空気のようになり　どんな人の胸の中にでも入り　四六時中その人を守り　その人の力となり　その人を幸せにしたいですね」

「水は方円の器にしたがう」という言葉があります。四角い器にも、丸い器にも、水は入ります。形だけみれば、四角い、丸いと違いがありますが、その中身をみれば、同じ水なのです。

お互いに、キリスト教と仏教とかたちは違っても、その中身は同じ人なのです。同じ命なのです。かたちではなく、命を見たいのです。そして、その命をその人がどう生きるか、それが大切なところです。

真民先生に「大事なこと」という詩があります（『全詩集』第三巻）。

「王家に　生まれようと　馬小屋に　生まれようと　それは　たいしたことでは

ない　どう生き　どう死ぬかが　一番大事なことだ」

どう生きるかです。真民先生は、はじめの頃は、神道を学び、仏教を学ばれましたので、キリスト教を受け入れることが困難でした。しかしすぐれたキリスト者との出会いによって、目が開かれました。

「真理は一つ、信仰も一つ、弥陀という言葉がしっくりこなければ造物主といってもよかろう。この思議することのできない神秘なるものへの敬虔な心をもって感謝して生きてゆく」、これが大事だというのです。

後には「阿弥陀仏といい、天照大御神といい、ゴッドといい、皆同じだ。本当の受け取り方さえすれば、皆同じ境涯に達することができる」とまで言われています。真民先生は、一遍上人とマザーテレサを尊敬されていました。お二人には共通するものがあるというのです。また、アッシジの聖フランシスコの「平和の祈り」を、一遍上人の念仏に共通するものだと受け止められています。「平和の祈り」を次にあげましょう。

「主よ、わたしをあなたの平和の道具としてお使いください。憎しみのあるところに愛を、いさかいのあるところに許しを、分裂のあるところに一致を、疑惑のあるところに信仰を、誤っているところに真理を、絶望のあるところに希望を、闇に光を、悲しみのあるところに喜びを、もたらすものとしてください。慰められるよりは慰めることを、理解されるよりは理解することを、愛されるよりは愛することを、わたしが求めますように。わたしたちは与えるから受け、許すから許され、自分を捨てて死に、永遠のいのちをいただくのですから」

形だけみれば、キリストの方と念仏の上人では全く違いますが、すべてを捨てて人のために尽くした生き方が同じだという受け止め方なのです。

どう生きる、その一番の大事なところは、毎回読んでいる「延命十句観音和讃」にあります。

「我を忘れて人のため　まごころこめて尽くすこそ　常に変わらぬ楽しみぞ　ま

ことのおのれに目覚めては　浄きいのちを生きるなり」

常・楽・我・浄を詠っています。「まごころこめて尽くす心で生きる」、これが大事なところだと思います。

いくら熱心に信仰していても意地悪になっては困ります。いくら形だけ長い間、坐禅していても、わがままになるばかりでは困ります。

「水は方円の器にしたがう」ように、柔軟に、その中身を大切にしてゆきたい。四角や丸の枠だけ守っていては、気がついたら肝心の中身の水が漏れてなくなっているかもしれません。

生きている命を見つめて、命を活かして、お互いを思いやる生き方を心がけてゆきたいと思います。

横田南嶺（よこた　なんれい）
1964年、和歌山県新宮市に生まれる。大学在学中に、東京白山・龍雲院の小池心叟老師に就いて出家得度。1987年、筑波大学を卒業、京都・建仁寺の湊素堂老師のもとで修行。1991年、鎌倉・円覚寺の足立大進老師のもとで修行。1999年、円覚寺僧堂師家（現任）。2010年、臨済宗円覚寺派管長（現任）。2017年、花園大学総長に就任。著書に『祈りの延命十句観音経』（春秋社）、『二度とない人生だから、今日一日は笑顔でいよう』（PHP研究所）、『人生を照らす禅の言葉』（致知出版社）、『いろはにほへと〈一～三〉』（円覚寺居士林編、円覚寺）など多数。

仏心のひとしずく

二〇一八年三月三〇日　第一刷発行

著　者　横田南嶺
発行者　澤畑吉和
発行所　株式会社　春秋社
東京都千代田区外神田二―一八―六（〒一〇一―〇〇二一）
電話〇三―三二五五―九六一一　振替〇〇一八〇―六―二四八六一
http://www.shunjusha.co.jp/
印刷所　株式会社　太平印刷社
製本所　黒柳製本株式会社
装　丁　本田　進
定価はカバー等に表示してあります
　ISBN978-4-393-14432-9